病院会計入門

病院会計準則を中心として

増田 正志 著

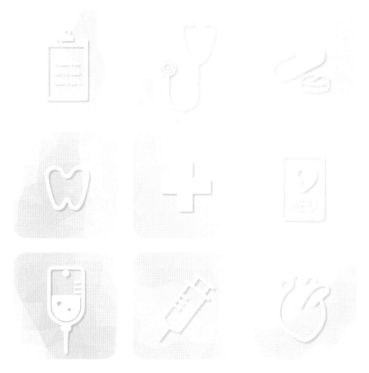

税務経理協会

第 4 版に向けて

　本書は平成 17 年の「病院会計準則」の改正を受けて産声を上げ，その後，多くの方に手に取って頂きました。病院・診療所は古からある社会にとって重要なインフラの一つですが，その会計的な側面を明らかにする基準が明確に定められていませんでした。本書を著わす契機になったのは「病院会計準則」の改訂でした。「医は仁術」とは言うものの医療サービスの提供という事業である以上，その継続性が約束されるための財政的な基盤が求められます。江戸時代のドラマ「赤ひげ先生」を見ても，当時の養生所の運営が財政的に如何に大変だったか分かります。このことは現在でも同様で，提供する医療サービスの品質維持と向上を図るため，医療機関を財政面から観察する会計情報は必須になります。

　本書の初版を出版して以来，医療機関を取り巻く環境は毎年のように変化し，新たな疾病の流行や医療行政の改革・整備，そして戦後ベビーブーム世代の高齢化と長寿化が医療機関の経営に大きく影響してきています。

　一方で平成 28 年に「医療法人会計基準」が制定され，医療機関が準拠すべき会計制度の整備が進みました。しかし，この基準と「病院会計準則」との間では目的とする点に微妙な相違が存在しているために，整合性が図られてはいない点があります。本書ではその相違点に関しても解説を図っています。

　この数年間の COVID-19 の世界的な流行が，社会生活に大きな影響を及ぼしました。医療機関にとっても，医療職の働き方改革が大きな課題となりつつあり，経営環境は厳しくなる一方です。このような中で医療機関の経営の舵取りに有効な会計情報を提供することは必須となります。本書は病院の会計に関するルール・考え方を平易に解説することを主眼として第 4 版として出版します。病院の経理事務の方，管理者，経営者のお役に立てましたら，望外の幸せです。

　令和 4 年 12 月　　　　　　　　　　　　　　　　　　　　　増田正志

は じ め に

　病院を取り巻く経営環境は大きく変化してきています。医療の高度化，国民の少子高齢化，医療費負担の多額化，そして患者から医師に対する多岐にわたる要望の顕在化等々，従来にも増して医療，医療施設，そして医師の社会的な責任がますます重くなってきています。

　このような経営環境下での医療施設の維持運営は，従来にないほど困難な課題を抱えてきています。そのためにも，医療施設を運営する者にとって，一般の企業経営を行う経営者と同様の経営的な手腕が求められています。株式会社であれば，株主のために利益の極大化を目指すことが経営者の責務ですが，こと病院となりますと，儲けようという経営は早晩行き詰まってしまいます。病院はその公益性から，決して儲けを優先するものではなく，適切な診療を求めて来院する患者に対し，十分なケアを施すことが第一の目的になります。このように患者が満足し，診療の成果に医師としての達成感に浸るのは，仕事冥利に尽きるというものです。斯様な医療施設を永続的に維持できるように，経営の健全化を図っていかなければなりません。

　病院といっても，企業と同様に多くの財産と人員が参画して運営されており，その財政状態と運営状況がわかりませんと，的確な経営判断ができません。このような要請の下で，病院を1会計単位として位置づけ，一定の方針に従って会計処理と表示を行うことで，多数の病院の相互比較と経営改善を可能ならしめる方策として，この『病院会計準則』が改定されました。企業会計に比べて特殊な処理も登場してきており，この病院会計準則に従った病院の財務情報に，他の医療施設との比較検討，そして効率化への有用な情報の提供が期待されています。

　病院の事務ご担当の方，経営者の方にとって，病院会計の理解の一助となりましたら幸いです。

平成 17 年 7 月　　　　　　　　　　　　　　　　　　著　　　者

略 称 一 覧

本書で用いた規則等の略称は次のとおりです。

準則	病院会計準則
準則＜注＞	病院会計準則　注解
ガイドライン	病院会計準則適用ガイドライン
基準	医療法人会計基準
基準＜注＞	医療法人会計基準　注解
運用指針	医療法人会計基準適用上の留意事項並びに財産目録，純資産変動計算書及び附属明細表の作成方法に関する運用指針

CONTENTS

1

第3章　病院会計準則の一般基準

第4章　貸借対照表

第7章 附属明細表

参 考 文 献

第1章
病院会計の意義

　戦後のベビーブーム世代が後期高齢者になりつつあり，超高齢化社会が到来しつつあります。そのため医療機関に通うことが日課となっている年配者を多く見かけます。一方で新たに生まれる新生児が 100 万人を切ってしまい，年々人口が減少していきます。

　医療機関の診療科でも変化が見られ，産婦人科，小児科が少なくなり，主に成人病や高齢者を対象とした診療科の患者・需要が多くなってきました。国の施策でも地域医療の在り方が検討され，高度急性期から慢性期までの病床再編が大きな課題になっている一方，医療職の働き方改革によって決定的に人的資源の不足が解決しなければならない問題となっています。

　多くの医療専門家を要する事業という点から労働集約的な特色が，高度で高額な検査医療機器を要する点からは装置産業的な特色もあり，これらを有効に機能させるための手法が問われるところです。医は仁術とは言っても，医療の継続的な提供を図るうえで経営を蔑ろにする訳にはいきません。医療機関の経営状態を定量的に把握するための手法として，的確な会計情報が大いに役に立つのです。ここで扱う病院会計では，医療機関の経営にとって有用な情報を提供するものとしての決算資料を作成する基準を示しています。経営体として企業会計に準じた管理会計・原価計算の必要性が求められている中，会計情報の作成と活用を図ることが必須となっています。

1-1　病院会計準則の生成の経緯

　昭和 40 年 10 月に，病院の経営実態を数値によって把握し，経営の改善を図るための財務情報を得るため，運営状況と財政状態を適正に表示することを目的に，病院会計準則が制定されました。それまでは，病院相互間に共通の会計処理基準がないまま，お互いの比較可能性も保持されずに推移し，個々の病院相互間の経営実態そのものが十分な数値情報によって説明されることがなく，経営の良否の判断ができない状態にありました。

　その後，昭和 58 年に財務諸表の体系，各種の会計上の原則及び財務諸表に計上される勘定科目等を整備するために全面的な改正がされました。その改正からすでに 20 年以上経過し，一般企業の会計実務では相次いで新たな会計処理基準が適用されるに至り，現在の会計処理基準に照らした経営実態を表示する新たな病院会計の基準の策定が求められるようになりました。

　厚生労働省では「病院会計準則及び医療法人会計基準の必要性に関する研究」を行うために研究班を設けて検討を進め，平成 13 年 9 月に「病院会計準則見直し等に係る研究報告書」が公表されました。この報告を受けて病院会計準則の改正に着手し，平成 16 年 8 月に「病院会計準則」の改正が行われました。この病院会計準則の基本的な考え方を次のように示しています。（医政指発第 0819001 号，平成 16 年 8 月 19 日）

（1）　病院会計準則の見直しに当たっては，厚生労働科学特別研究事業として実施した「病院会計準則見直し等に関する研究」の研究報告を踏まえ，医療を安定的に提供するための効率的で透明な医業経営の確立を図る観点から，全面的な改正を行ったものである。

（2）　病院会計準則は，開設主体の異なる各種の病院の財政状態及び運営状況を体系的，統一的にとらえるための「施設会計」の準則であり，それぞれの病院の経営に有用な会計情報を提供することを目的としてきているが，今回の見直しでは，病院開設主体が病院の経営実態を把握し，その改善向上に役立てることを再認識するとともに，経営管理に資する有用な会計情報を提供する役割を担っている「管理会計」としての側面を重視したこと。

（3）　病院会計は，非営利を原則とする施設会計であるが，経営の健全性を高めるため，近年の企業会計の動向を踏まえ，最新の財務諸表体系及び会計基準を適用可能な形で導入し，病院経営の効率化に向けて活用が図られるようにしたこと。

　　なお，病院会計準則は，従来どおり企業会計方式をとるが，病院の財政状態及び運営状況を適切に把握する手段として採用するものであり，そのこと自体は病院経営が営利性や利潤追求を伴うとの意味を有するものではないことは，従前と同様であること。

（4）　今回の改正については，国民の意見聴取の手続を経ていること。

（5）　異なる開設主体間の会計情報の比較可能性を確保するため，病院会計準則が開設主体横断的に採用され，これに準拠した財務諸表が作成されることが期待されるものであること。

病院の経営内容って分からないな〜ァ！

このように、「病院会計準則」の改正に関して、その基本的な考え方を示しており、この準則の意義を簡潔に説明しています。

 ## 1-2　病院の開設主体が準拠する会計基準

現在病院の経営主体には、法人・個人がありますが、法人とはいってもその法的な形態は異なり、会計処理及び表示上準拠している会計基準も異なります。それぞれ経営主体が異なる病院に対して適用されている会計基準は次のようになります。

```
独立行政法人病院              ……独立行政法人会計基準
自治体立病院                  ……地方公営企業会計基準
社会福祉法人経営病院          ……社会福祉法人会計基準
国立大学法人附属病院          ……国立大学法人会計基準
学校法人附属病院              ……学校法人会計基準
公益法人経営病院              ……公益法人会計基準
日本赤十字病院                ……日本赤十字社法施行規則
厚生（医療）農業協同組合立病院 ……農業協同組合法
企業経営病院                  ……企業会計基準
医療法人経営病院              ……病院会計準則
```

今後自治体立病院が、地方独立行政法人になりますと、地方独立行政法人会計基準が適用されることになります。また、医療法人経営病院ですが、病院に関しては病院会計準則が適用されますが、経営主体である医療法人には「医療法人会計基準」を適用することになります。

適用される会計基準は，病院の財政状態及び経営成績を示すためのルールではありますが，医療という事業内容が同一であるにもかかわらず，その経営主体の違いによって準拠すべき会計基準が異なることになり，同一の基準・前提に立った比較ができない状況にあります。企業であれば，同業他社との比較によって経営改善の目標を立てることが可能ですが，異なる基準を用いて会計処理を行っている病院間の財務諸表・計算書類による単純比較には，難しい点が多々生じています。ただ，経営主体に違いがあっても，会計処理上の基本的な考え方や使用する勘定科目は，病院会計準則を意識したものになっています。

大学教育の一環として設置されている大学の付属病院と，病院の経営主体として論議に上がる医療法人とはその目的とするところが異なります。

学校法人や国公立大学が設置する病院では，診療行為が医学生の教育と教員・医師による研究が同時に行われており，医療行為としての管理会計・原価計算を数値として把握するのには難しい問題があります。特に教員・医師の人件費の把握では，教育・研究・診療に区分することが実務的に難しく，現実的な対応を模索しているのが現状です。

前述の病院の開設主体としては，最も多いのが医療法人によるもので，平成12年4月に施行され，24年4月に改正された介護保険制度に基づく介護老人保険施設や訪問看護ステーションの多くも医療法人によって設置されています。別途医療法人に対する会計基準の制定が求められるゆえん

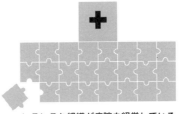

いろいろな組織が病院を経営している

ともなっています。

　このように病院は様々な開設主体によって運営されており，適用させる会計基準にも当然差異が生じることが予測されます。

　このように会計単位または財務諸表の範囲が異なる場合に対して，

　「病院の財務諸表は，病院会計準則の規定に従って，病院を１つの会計単位として貸借対照表，損益計算書，キャッシュ・フロー計算書及び附属明細表を作成するのが原則であり，これと異なる場合には，以下のいずれかの方法により，病院の会計情報を記載する。

① 病院ごとに病院会計準則の財務諸表に組み替える。

② 病院ごとに組替えに必要な情報を「比較のための情報」として注記する。」（ガイドライン 1-1）

としており，経営主体の異なる病院間においても，財務情報の比較可能性を確保することが求められています。

 # 1-3　病院会計準則の財務諸表

（1）　財務諸表の体系

　決算上作成される財務諸表の概要を表記しますと，右表のようになります。

　改正によって，貸借対照表，損益計算書，キャッシュ・フロー計算書を基本的な財務諸表として，その財務諸表に表示されている事項に関する詳細な説明を附属明細書が担っています。また，表示する勘定科目の集約化も図っています。

従来の財務諸表	現在の財務諸表
貸借対照表	貸借対照表
損益計算書	損益計算書
利益処分計算書（損失処理計算書）	（廃止）
——	キャッシュ・フロー計算書
附属明細表 ① 有形固定資産明細表 ② 無形固定資産明細表 ③ 任意積立金明細表 ④ 減価償却費明細表 ⑤ 引当金明細表	附属明細表 ① 純資産明細表 ② 固定資産明細表 ③ 貸付金明細表 ④ 借入金明細表 ⑤ 引当金明細表 ⑥ 補助金明細表 ⑦ 資産につき設定している担保権明細表 ⑧ 給与費明細表 ⑨ 本部費明細表

（2） 財務諸表の概要

　財務諸表の体系を，従来と現在を対比して，見てみます。貸借対照表では，会計年度末の財政状態を明らかにするため，資産の部，負債の部及び

企業と同じような財務諸表が作られるようになった。

純資産の部の3区分で表示することになります。

　損益計算書では，病院の運営状況を明らかにするために，医業損益計算，経常損益計算及び純損益計算に区分して表示することになります。利益処分（損失処理）計算書は，1施設の財務諸表という性格から，独自に利益処分をする主体ではないとして，財務諸表の体系から除外されています。

　キャッシュ・フロー計算書は，企業会計でも導入されて久しく，病院の資金の動きを示すものとして導入されており，業務活動，投資活動及び財務活動の3区分によって示すことになります。

　貸借対照表，損益計算書及びキャッシュ・フロー計算書に計上されている勘定科目の内容・増減を示す附属明細表も充実が図られており，5表から9表(別途長短に分けて作成されるものもあります)と，倍加されています。

　また，必要な脚注の充実によって会計情報を補完し，会計情報の利用者の理解が得られるように手配がなされています。

 ## 1-4　財務諸表の作成目的

（1）目　　的

> 「病院会計準則は，病院を対象に，会計の基準を定め，病院の財政状態及び運営状況を適正に把握し，病院の経営体質の強化，改善向上に資することを目的とする。」（準則第1）

　まずはじめに，病院会計準則の目的を述べています。病院は患者に対して良質な医療サービスを継続的に提供しなければなりません。そのためには，病院そのものの健全経営が求められ，その経営意思決定に資する財務

情報を提供することが財務諸表の重要な役割となります。昨今の病院経営は厳しい状況下にあり，より良質な医療サービスを提供するためには，病院自体に健全な財務体質が求められます。病院経営の舵取りをする意思決定に有用な財務情報を提供するのが財務諸表の目的になります。

（2）　病院会計準則の適用

「1.　病院会計準則は，病院ごとに作成される財務諸表の作成基準を
　　示したものである。

2.　病院会計準則において定めのない取引及び事象については，開
　　設主体の会計基準及び一般に公正妥当と認められる会計の基準に
　　従うものとする。

3.　病院の開設主体が会計規則を定める場合には，この会計準則に
　　従うものとする。」（準則第2）

　この病院会計準則は，病院という施設を対象として作成されるもので，その点では他の会計基準が開設主体の法人そのものを対象としていることと大きく異なります。

　また，この病院会計準則に定められていない事象については，病院を開設している主体に適用されている会計基準を適用することになっています。この開設主体が独自に会計規則等を定める場合には，この病院会計準則に従った規定にすることが求められています。

（3）　会 計 期 間

「病院の会計期間は1年とし，開設主体が設定する。」（準則第3）

　1年間を対象として決算を行うことになります。

（4）　会　計　単　位

> 「病院の開設主体は，それぞれの病院を会計単位として財務諸表を作成しなければならない。」（準則第4）

病院会計準則では，1病院を財務諸表の作成単位としています。

 # 1-5　財務諸表の相互関連性

（1）　財務諸表の範囲

> 「病院の財務諸表は，貸借対照表，損益計算書，キャッシュ・フロー計算書及び附属明細表とする。」（準則第5）

7ページの表にありますように，利益処分計算書を削除し，キャッシュ・フロー計算書を新たに財務諸表に含めることになりました。

前述のように，この病院会計準則は個々の病院を一個の会計単位として財務諸表を作成するために準拠する基準を定めたもので，病院という物理的な施設に着目した施設会計の特色をもっています。病院はその運営主体によって，稼得した利益の処分方法が異なります。ですから，病院が作成する財務諸表として，その利益の処分の状況を表示することは，運営主体の異なる病院の財政状態と運営状況を比較するためにはあまり意味をなさないと考えられるのです。

利益処分計算書を削除し，新たに財務諸表に加えられたのが，キャッシュ・フロー計算書です。事業法人においても，1事業年度の資金の流れを説明するキャッシュ・フロー計算書は，財務諸表の1つとして重要な位

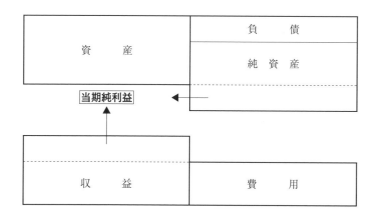

置を占めていますし，改正された公益法人会計基準においても採用されています。病院は毎日の診療行為によって，多額の資金が授受されており，診療報酬額の入金タイミングと薬品・医療材料の代金の支払時期の資金繰り計画は財務担当者にとって重要な職務となっています。特に高額の医療機器の購入時には，その代金の支払方法の計画が必須となります。一般企業でも，損益計算書が赤字ではないのに，仕入代金の支払資金が枯渇するということが往々にして発生しています。稼得した利益が直ちに支払代金の財源となりうるように現金で回収できれば問題はないのですが，入金タイミングのずれが，病院の経営にとって致命傷となりかねません。

（2） 財務諸表の相互関連

　病院の会計は，会計上の取引をその取引の原因と結果という組み合わせによって表現する「借方」と「貸方」の組み合わせで記録することになります。いわゆる「複式簿記」による処理によるのです。この複式簿記による記録によって，左側に記録する「借方」と右側に記録する「貸方」が左右同額となる仕組みになっています。すべての勘定科目の計上額合計を一表にまとめたものを合計試算表といい，借方と貸方つまり左右を純額表示

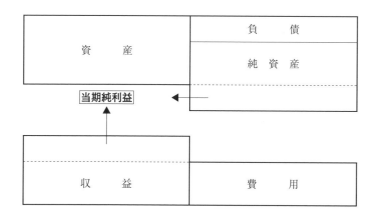

にしたものが残高試算表となります。

このように上下を切り分けますと，資産・負債・純資産によって構成される貸借対照表と，収益・費用によって構成される損益計算書になります。

1年間の診療行為によって得た財産額が増加した結果，

【資産＜負債＋純資産】

これを示しているのが貸借対照表です。

1年間の診療行為によって，収益額が費用額を上回った結果，

【収益＞費用】

これを示しているのが損益計算書です。

このように，アプローチの仕方は異なりますが，貸借対照表と損益計算書は同じ結果を導き出します。

そして，この1年間の資金の動きを示しているのが，キャッシュ・フロー計算書で，期首の資金繰越高と期末の資金残高の差額の原因説明をするのがキャッシュ・フロー計算書になります。この資金の動きの結果と原因を貸借対照表と損益計算書を使って説明することになり，この3つの財務諸表はお互いに密接に連携しあっているのです。

1-6 「病院会計準則」と「医療法人会計基準」の関係

病院会計準則は平成16年に改正・公表されましたが，病院を設置して経営する医療法人に係る会計基準は平成26年になって制定されました。

この「医療法人会計基準」と本書で解説しています「病院会計基準」との関係及び取扱いについて簡略に説明します。

（1）「基準」制定までの経緯

医療行為を行う病院は数多くありますが，経営形態として最も多いのが医療法人です。この医療法人を対象にした確たる会計基準は長らく制定されていませんでした。筆者が日本公認会計士協会の公益法人委員会の委員を務めていた三十数年前に，医療法人会計基準の検討が行われましたが，当時の環境下で結論に至らず委員任期が終わってしまいました。

医療法人会計基準の制定前に「介護老人保健施設会計・経理準則の制定について」（平成12年3月31日老発378号厚生省老人保健福祉局長通知），「病院会計準則の改正について」（平成16年8月19日医政発0819001号厚生労働省医政局長通知）が，病院等の施設会計基準として制定されました。

そして，平成26年2月26日付けで四病院団体協議会より「医療法人会計基準に関する検討報告書」が公表され，これを受けて平成26年3月19日に厚生労働省医政局長より各都道府県知事及び各地方厚生（支）局長宛に，「当該報告書に基づく医療法人会計基準は，医療法（昭和23年法律第205号）第50条の2に規定する一般に公正妥当と認められる会計の慣行の一つとして認められることから，御了知の上，特に貴管内の病院又は介護老人保健施設を開設する医療法人に対して積極的な活用が図られるよう，

特段の御配慮をお願いしたい。」との文書が発せられました。

　これに続いて平成28年4月20日に厚生労働省令第95号として、「医療法人会計基準」が医療法第51条第2項の規定に基づく会計基準として規定されました。

（2）　「準則」と「基準」の整合性

　先行して規定された「病院会計準則」との関係ですが、「医療法人会計基準」が病院を設置する主体を対象とする会計基準であるのに対して、前者は病院という物理的な存在を対象にした施設会計の特色を有しています。当初は後者の制定時に前者との整合性を考慮することが暗黙の了解事項でした。しかし、「医療法人会計基準においては、病院会計準則との整合性を考慮したうえで制定されることが予定されているため、病院部分の会計について病院会計準則の適用をそのまま行うことで、全体の会計にも整合することとなる。」（開設主体別病院会計準則適用に関する調査・研究平成15年度総括研究報告書）とされていましたが、結果として両者の整合性を図ることはできていません。

 ## 1-7　病院会計準則適用ガイドライン

　病院を経営している開設主体には多くの形態があることは既に記述しているところですが、病院会計準則を適用するための手立てが講じられています。その対応を示している「病院会計準則適用ガイドライン」では、次のような文書で始まります。

　「……病院の開設主体が当該病院の財政状態及び運営状況を適正に把握

し，比較可能な会計情報を作成するため，開設主体の会計基準の適用を前提とし，病院会計準則に準拠した財務情報を提供する観点から，公的医療機関を始めとする開設主体としての会計基準を有する医療機関に向けて，……病院会計準則適用ガイドラインを策定したので，……」（医政発第0910002号平成16年9月10日）

　この文章が厚生労働省医政局長より各都道府県知事宛に発せられており，各開設主体が準拠すべき会計基準と病院会計準則とが，異なる会計処理及び表示を定めている可能性があることを端的に示しています。このような事象に対する対応策がこのガイドラインに示されています。具体的には，財務諸表の表示に関する取扱いと会計処理等に関する取扱いが事項別に解説されています。

 ## 1-8　ガイドラインによる対応

　医療法人会計基準で対応を求められる事項は限られており，「医療法人

会計基準に関する検討報告書」（平成26年2月26日四病院団体協議会会計基準策定小委員会）の中で、「5　病院会計準則適用ガイドラインについて」が示されています。その内容を病院会計準則（以下「準則」という）と医療法人会計基準（以下「基準」という）を対比する形で順次解説することにします。

（1）　損益計算書の区分

準則で医業外損益とされている付随的な収益・費用を、基準では事業損益に計上しています。基準では、損益計算書の事業損益に本来業務、附帯業務又は収益業務に区別することを求めており、その趣旨は、法令で求められている附帯業務及び収益業務の運営が本来業務の支障になっていないかを判断するためとしています。

そのため、「損益計算書の区分について、病院会計準則と異なる様式を採用している場合には、その旨、病院会計準則に定める区分との対応関係について、「比較のための情報」として記載する。」（ガイドライン4-3）としています。

具体的には、準則での経常損益計算の区分について、「受取利息、有価証券売却益、運営費補助金収益、施設設備補助金収益、患者外給食収益、支払利息、有価証券売却損、患者外給食用材料費、診療費減免額等、医療活動以外の原因から生ずる収益及び費用であって経常的に発生するもの」（準則第31　2.）としている一方、基準では、「施設等の会計基準では事業外収益とされている帰属が明確な付随的な収益又は費用についても、この損益計算書上は、事業収益又は事業費用に計上するものとする。ただし、資金調達に係る費用収益は、事業損益に含めないこととする。」（指針18）としています。上記準則の運営費補助金収益、患者外給食収益、患者外給食用材料費、診療費減免額等は、基準に従って作成される損益計算書

では事業収益・費用の区分に計上することになります。

（2）　消費税の会計処理

消費税の会計処理には税抜処理方式と税込処理方式があり，民間事業会社の多くが税抜処理方式を採用しているところです。準則では，「病院施設を有する開設主体すべてに適用することにより，異なる開設主体間の経営比較を可能とし，経営管理に資する有用な会計情報を提供することがある。そのため，この比較可能性を重視する立場から会計処理自由の原則に一部制限を加えている。消費税の会計処理もこれに該当することになり，病院会計準則ではすべての開設主体に対し税抜処理を一律に適用することとしている。」（研究報告第 12 号　5.）としており，税抜処理を採っています。

一方の基準では，消費税に関する処理方法について特段に定めてはいません。そこで，開設主体が税込方式を採用する場合には，病院の財務諸表に「その旨，会計処理方法及び病院会計準則に定める方法によった場合と比較した影響額を，「比較のための情報」として記載する。」（ガイドライン 4-4）としており，「この場合の影響額とは，医業収益及び医業費用の各区分別に含まれる消費税相当額，控除対象外消費税額等（資産に係るものとその他に区分する）と，その結果としての損益計算書の医業利益，経常利益及び税引前当期純利益に与える影響額とする。」（同上）を記載することになります。開設主体ごとに課税計算される消費税額の病院ごとへの配布計算は既述のとおりですが，結構厄介になります。

（3）　補助金の会計処理

施設設備の取得に係る補助金の会計処理は，準則と基準とで異なります。準則では補助金額を負債に計上した上で，当該資産の減価償却に応じて負債を取り崩して医業外収益に計上する処理を求めています。

一方基準では，「固定資産の取得に係る補助金等については，直接減額方式又は積立金経理により圧縮記帳する。」（基準＜注8＞）としています。基準に従って補助金の会計処理をしている場合には，「その旨，採用した会計処理方法，病院会計準則に定める方法によった場合と比較した影響額を「比較のための情報」として記載する。」（ガイドライン3-5）としています。

（4）　退職給付債務等の会計処理

退職給付債務に関して準則では，「将来の退職給付の総額のうち，貸借対照表日までに発生していると認められる額を算定し，貸借対象表価額とする。」（準則第27　4）としており，「貸借対照表日までに発生していると認められる額は，退職給付見込額について全勤務期間で除した額を各期の発生額とする方法その他従業員の勤務の対価を合理的に反映する方法を用いて計算しなければならない。」（準則＜注14＞）としています。各期が負担すべき退職給付債務を計算して，期末時点での合理的な債務額を貸借対照表に計上することを求めています。

基準では，「退職給付に係る会計基準」に準拠するとして，次の実務上の取り扱いを許容しています。「本会計基準適用に伴う新たな会計処理の採用により生じる影響額（適用時差異）は，通常の会計処理とは区分して，本会計基準適用後15年以内の一定の年数又は従業員の平均残存勤務年数のいずれか短い年数にわたり定額法により費用処理することができる。」（基準＜注19＞）としており，当該会計処理の適用初年度に過去の退職給付債務全額を計上することに代えて，一定期間繰延計上することを許容しています。これは企業会計でも許容されている処理方法であり，従来の自己都合による期末時退職金の要支給額を計上してきた退職給与引当金から，この退職給付引手金に変更した際の一時的な負担を数期間にわたって繰り延べる措置であり，会計処理変更時の影響を緩和する実務的な対応になり

ます。

　この準則と基準との違いに対して，「退職給付債務に関する会計処理を病院会計準則と異なる方法で行っている場合には，その旨，採用した引当金の計上基準，病院会計準則に定める方法によった場合と比較した影響額を「比較のための情報」として記載する。」（ガイドライン 3-9）としています。

（5）　リース資産の会計処理

　リース取引については，準則で「リース取引はファイナンス・リース取引とオペレーティング・リース取引に区分し，ファイナンス・リース取引については，通常の売買取引に係る方法に準じて会計処理を行う。」（準則＜注 12＞）としています。

　基準では，準則で定めている方法を原則としながら，「以下の場合には，賃貸借処理を行うことができる。」として，

　「①リース取引開始日が，本会計基準の適用前の会計年度である，所有権移転外ファイナンス・リース取引

　②リース取引開始日が，前々会計年度末日の負債総額が 200 億円未満である会計年度である，所有権移転外ファイナンス・リース取引

　③一契約におけるリース料総額が 300 万円未満の，所有権移転外ファイナンス・リース取引」（運用指針 9）

とし，原則的な処理方法である売買取引に準じた方法ではなく，賃貸借取引としての会計処理を許容しています。

　このように，「リース資産に関する会計処理を病院会計準則と異なる方法で行っている場合には，その旨，会計処理方法，病院会計準則に定める方法によった場合と比較した影響額を「比較のための情報」として記載する。」（ガイドライン 3-10）としています。

（6） 特別償却と税効果会計

　特別償却とは租税政策上の特段の手当であり，法定耐用年数による場合よりも早期の減価償却を税務上認容することで課税の繰延をするもので，税額の減免を意図するものではありません。その結果，当該固定資産の耐用年数の経過に伴って損金に算入される減価償却費が減少し，課税所得及び納税額が増加することになりますので，特別償却をした時点では将来支払わなければならない税負担額を繰延税金負債に計上する税効果会計が適用されます。

　準則と基準の対応としては，「本基準では，一時差異に重要性がない場合には，税効果会計を適用しないことができることとされている。また，特別償却についても，その金額に重要性がない場合には，正規の減価償却に含めて計上することができる。病院会計準則では，このような重要性に係る具体的な規定はないが，重要性についてはあくまでも例示であることから病院単位の財務諸表でこのような処理をした場合であっても特段の注記は必要ないと考えられる。」（医療法人会計基準に関する検討報告書5）としています。

第2章
新たな会計処理基準の採用

　企業の国際化に伴って，会計処理に適用される会計基準にも国際化の大波が押し寄せてきました。俗に「グローバル・スタンダード」といわれる国際会計基準（IFRS）の登場です。このような大きな改革は，過去数十年間なかったもので，会計実務担当者にとっても大きな負担になるとともに，その企業にとっても大きな費用負担となっています。

　このような会計処理は，経営管理の重要性がクローズ・アップされている病院にとっても，無視できない考え方になります。異なる経営主体によって運営されている病院の経営状態の比較可能性を維持するためには，組織として経営されている企業と同様に，病院も「一般に公正妥当と認められた会計処理の基準」に準拠した財務諸表を作成しなければなりません。新たに採用される会計基準について，限られた紙幅の中で簡潔に説明します。

2-1　リース会計

（1）　リース会計の意義

　医療技術の進歩は日進月歩で，新たな医療機器の開発が進み，かつて不治の病，治療困難とされた疾病を克服し，平均寿命を延ばしています。この医療の進歩に欠かせないのが，先端技術を用いた医療機器の進歩です。このような医療機器の開発には多額の研究開発投資が必須であり，医療機器の価格が数億円になる例もめずらしくありません。

　病院にとって新しい医療機器の調達は，良質な医療サービスの提供には欠かせません。しかし，このような医療機器の価格は高額になっており，そのための資金調達を考えると容易には購入できません。現在の病院には多くの，しかも高額な医療機器の設置が医療の現場で求められ，その意味では装置産業といわれるほどに固定資産への多額の投資が行われています。

　このような状況下で，多くの病院がメーカーや商社から買うことに代えて，医療機器をリース契約によって調達しています。このリース契約によって病院は毎月決められた賃借料（リース料）を支払っており，会計処理では機器賃借料として医業経費に計上されています。しかし，そのリース契約の実態は単に機器の賃貸関係なのでしょうか。

　一般企業においても，製造機械装置をリース契約によって調達しています。しかし，そのリース料を経費として処理しますと，製造業でありながら生産設備を持たない企業となります。そして，そのリース契約そのものが，レンタカーのように使わなくなったらリース会社に返還するという約定にはなっていないものが多いのです。当初に決められたリース期間は必ず使用し，その期間経過前に返還する場合には，残るリース期間に係る

リース料も違約金として負担しなければならない契約になっているのです。つまり，リース会社としては，そのリースによって貸し付けている資産の使用可能期間をリース期間とし，その期間経過後は当該リース資産の代金が回収済みとなるようにリース料を計算しているのです。となりますと，リース会社は自ら所有する資産を賃貸しているというよりも，当該資産を代金分割で販売していることと経済的には何等変わりません。このような点に着目して，リース会計が論じられたのです。

> リース取引はファイナンス・リース取引とオペレーティング・リース取引に区分し，ファイナンス・リース取引については，通常の売買取引に係る方法に準じて会計処理を行う。（注解 12）

この会計処理が一般に「リース会計」といわれるものなのです。

Reference

しかし，上記の処理に準拠していない場合には，「リース資産に関する会計処理を病院会計準則と異なる方法で行っている場合には，その旨，会計処理方法，病院会計準則に定める方法によった場合と比較した影響額を『比較のための情報』として記載する。」（ガイドライン 3-10）に従うことになります。

（2） リース取引の分類
リース取引は，ファイナンス・リースとオペレーティング・リースの2つに分けられます。この2つの取引は，共にリース契約によってリース物件の賃貸借が行われることになるのですが，その経済的実態の相違によっ

て区分されます。ファイナンス・リース取引は次の（3）に要件が示されており，オペレーティング・リース取引とは，ファイナンス・リース取引以外のものであり，通常の賃貸借取引をいいます。オペレーティング・リース取引の簡単な例としては，安価な料金で使用でき，利用後すぐに返却できるレンタカーのような取引をいいます。

（3） ファイナンス・リース取引の要件

　契約としては資産の賃貸借契約になっていますが，その経済的実態が資産の売買と考えられるリース取引をファイナンス・リース取引といいます。このファイナンス・リース取引は，「リース契約に基づくリース期間の中途において当該契約を解除することが出来ないリース取引又はこれに準ずるリース取引で，借り手が，当該契約によって使用する物件からもたらされる経済的利益を実質的に享受することができ，かつ，当該リース物件の使用に伴って生じるコストを実質的に負担することとなるリース取引をいう。」（リース取引の会計処理及び開示に関する実務指針）と定義されています。つまり，ファイナンス・リース取引に該当するか否かの判断基準は，

　① **解 約 不 能**

　　リース契約に基づくリース期間の中途において契約の解除ができないもの。中途で解除した場合に，残存リース期間に係るリース料相当額の違約金を課される場合も同様です。

　② **フルペイアウト**

　　リース物件を使用する経済的利益を実質的に享受する。つまり，当該リース資産の効用をすべて享受することをいいます。また，リース物件の使用によって生じるコストを実質的に負担することとなります。

　つまりリース料総額が，当該リース物件の取得価額と必要経費を賄っていることをいい，この2つの条件を満たすものと考えられます。

（4） ファイナンス・リース取引の会計処理

　ファイナンス・リース取引については，原則として当該リース資産の売買取引として会計処理をすることになります。つまり，リース物件を自己が取得した資産として計上するとともに，いまだ支払期限が到来していないリース料を未払リース料として債務に計上するのです。

　ただ，通常のリース取引におけるリース料の中には，リース物件の取得価額とリース期間にかかる金利，リース物件の維持保守料も加算されていますので，取得価額以外のリース料支払額はリース物件の資産価額には含まれません。

【例】　リース期間：5年間　　　リース料総額：10,000,000円

　　　　　リース料に含まれる金利の額：800,000円

　　　　　リース料に含まれる維持保守料：200,000円

としますと，リース物件の資産計上額は9,000,000円となり，仕訳は，

　（借方）資　　　産　9,000,000　　　（貸方）未　払　金　9,000,000

となり，当該資産を耐用年数にわたって減価償却を行うことになります。つまり，支払リース料に代わって減価償却費，支払利息及び営繕費等が計上されることになるのです。

（5） リース会計と重要性の原則

　リース契約によって使用している機器には多様なものがあり，高額な診療検査機器からパソコンやコピー機のような事務用機器まで，リース契約の適用範囲は広範に及んでいます。果たして少額なリース契約まで，資産の売買取引としての会計処理を求める必要があるのかといいますと，そこには事務処理上の煩雑さと金額的な影響額を比較考量して，簡便な処理が

許容されると考えるのです。その金額的重要性の判断指標ですが,「リース会計実務指針」では1契約当たりのリース料支払総額が300万円未満の場合には,通常の賃貸借取引として会計処理することが許容されています。しかし,その病院の規模によって重要性の判断基準は画一的なものにはなり難い場合もあり,その際の金額基準としてはリース料総額が固定資産の計上基準額(税法では10万円,独立行政法人等では50万円となっています)未満であれば,賃貸借取引とする方法も考えられます。

 2-2　金融商品会計

(1)　金融商品の意義

　病院が保有する有価証券や金融商品,そして金銭債権の会計処理には,「金融商品に係る会計基準」が適用されることになりました。従来は取得原価基準に基づいて,その取得価額を貸借対照表に計上していればよかったのですが,新たな病院会計準則では上記の基準を適用しています。

1.　有価証券については,購入代価に手数料等の付随費用を加算し,これに移動平均法等の方法を適用して算定した取得原価をもって貸借対照表価額とする。

2.　有価証券については,売買目的有価証券,満期保有目的の債券,その他有価証券に区分し,それぞれの区分ごとの評価額をもって貸借対照表価額とする。(準則第22)

　保有する有価証券をその保有目的によって3区分して,評価基準及び評価方法を示しています。

（2）　貸借対照表への表示

　有価証券の表示に関しては，準則第 19 の規定を受けて注解 10 で，売買目的有価証券及び 1 年以内に満期の到来する有価証券は流動資産に計上するものとし，流動資産に属さない有価証券を固定資産に計上する旨を定めています。従来の短期所有目的と長期所有目的による区分から，有価証券を下記（3）の区分によって計上箇所が異なることになります。

（3）　有価証券の区分

　準則では有価証券を 3 つのカテゴリーに分けています。①売買目的有価証券，②満期保有目的の債券，③その他有価証券の 3 つです。

①　売買目的有価証券

　売買目的有価証券ですが，この売買目的とは，「時価の変動により利益を得ることを目的として保有する」こととされており，事業の目的として有価証券の売買を業としている場合に，その目的どおりに保有する有価証券を指します。

　現実には病院がこのような有価証券を保有することは少ないと思われます。

②　満期保有目的の債券

　資金運用方法の 1 つとして，債券投資によることが考えられます。債券はその発行条件によって，市中金利の変動を受けて時価の変動を伴うものです。しかし，その債券を償還期限が満期になるまで保有するのであれば，時価がいかに変動しようが満期時には券面額が償還されますので，市場における時価の変動を気にすることはありません。このように満期まで保有する目的で取得する債券を 1 つの区分にしています。

③　その他有価証券

　上記②の満期保有目的の債券とその他有価証券の区分については以下で

説明しています。

> 1.　その他有価証券とは，売買目的有価証券，満期保有目的の債券以
>   外の有価証券であり，長期的な時価の変動により利益を得ることを
>   目的として保有する有価証券や，政策的な目的から保有する有価証
>   券が含まれることになる。
> 2.　余裕資金等の運用として，利息収入を得ることを主たる目的とし
>   て保有する国債，地方債，政府保証債，その他の債券であって，長
>   期保有の意思をもって取得した債券は，資金繰り等から長期的には
>   売却の可能性が見込まれる債券であっても，満期保有目的の債券に
>   含めるものとする。(注解 18)

　病院が保有する有価証券のうちには，治験等の受託事業等で親密な関係
にある会社の株式等を保有する例もありますが，そのような株式は政策的
な見地から保有しているもので，その他有価証券の区分に計上されること
になります。実際に病院が保有する有価証券は，満期保有目的の債券か，
その他有価証券に該当するものと考えられます。

（4）　有価証券の評価基準

　有価証券の評価基準は，それぞれの区分ごとに定められています。

> 　有価証券については，売買目的有価証券，満期保有目的の債券，そ
> の他有価証券に区分し，次のように評価を行う。
> 1.　売買目的有価証券は，時価で評価し，評価差額は損益計算書に計
>   上する。
> 2.　満期保有目的の債券は，取得原価をもって貸借対照価額とする。
>   ただし，債券を債券金額より低い価額又は高い価額で取得した場合

においては，取得価額と債券金額との差額の性格が金利の調整と認められるときは，償却原価法に基づいて算定された価額をもって貸借対照表価額としなければならない。償却原価法とは，債券を債券金額より低い価額又は高い価額で取得した場合において，当該差額に相当する金額を償還期に至るまで毎期一定の方法で貸借対照表価額に加減する方法をいう。なお，この場合には，当該加減額を受取利息に含めて処理する。

3. その他有価証券は時価で評価し，評価差額は，貸借対照表上，純資産の部に計上するとともに，翌期首に取得原価に洗い替えなければならない。

なお，満期保有目的の債券及びその他有価証券のうち市場価格のあるものについて時価が著しく下落したときは，回復する見込みがあると認められる場合を除き，時価をもって貸借対照表価額とし，評価差額は当期の費用として計上しなければならない。（注解17）

売買目的有価証券は短期的に利益を稼得する目的で保有するものですから，年度末には時価によって評価し，その評価損益額がその年度の損益計算書に計上されることになります。つまり，売買はしていませんが，その含み損益額を損益計算書に計上することになります。

それに対して，その他有価証券の年度末の含み損益は，損益計算書には

計上されず，貸借対照表の純資産の部に直接計上されることになります。

　満期保有目的の債券は，満期まで保有する目的ですので，満期までの期間の債券の時価の変動は考慮することがなく，取得原価で計上することになります。ただし，その取得原価が券面額と異なる場合には，その差額を満期までの期間にわたり調整して，満期償還時の貸借対照表価額を券面額と同額となるように調整することになります。いわゆる，アキュムレーション（券面額より取得原価が安い場合）又はアモチゼーション（券面額より取得原価が高い場合）によることになります。この調整額は受取利息に加減することになります。

Reference

　有価証券の評価基準等に準則の規定と相違がある場合には，「有価証券の評価基準及び評価方法について，病院会計準則と異なる会計処理を行っている場合には，その旨，採用した評価基準及び評価方法，病院会計準則に定める方法によった場合と比較した影響額を『比較のための情報』として記載する。」（ガイドライン3-6）とされています。

（5）　金銭債権の会計処理

　病院も事業を営んでいるのですから，診療にかかる莫大な未収金が発生しています。

1.　医業未収金，未収金，貸付金等その他債権の貸借対照表価額は，債権金額又は取得原価から貸倒引当金を控除した金額とする。なお，貸倒引当金は，資産の控除項目として貸借対照表に計上するものと

する。

2. 貸倒引当金は，債務者の財政状態及び経営成績等に応じて，合理的な基準により算定した見積高をもって計上しなければならない。

（準則第 24）

　金銭債権に対する貸倒引当金の計上に関しては，「金融商品会計基準」を適用して考えることになります。この基準では，債権を 3 つのカテゴリーに分け，それぞれに対して回収可能性を判断し，貸倒引当金を計上することになります。

　病院ですと，主な債権は診療報酬の未収金になります。貸付金等の債権ですと，債務者の返済能力の有無によって，3 区分のいずれに該当するかを判断して，各区分ごとに貸倒引当金を計上することになります。ここでは病院特有の入院又は外来等で受診した患者に対する債権を考えてみます。ただし，保険診療にかかる支払基金等への請求債権に関しては，貸倒引当金の計上対象とはしません。病院からの保険金給付請求が出された後，基金等では診療の内容を査定し，減額査定がなされるのが常ですが，その査定減は貸倒れとは内容を異にしておりますので，貸倒れという認識はしないのです。

　これに対して，患者個人に対して請求する未収金は，その延滞状況と患者の支払能力によって 3 つに区分することになります。

① 一 般 債 権

　一般債権とは，「経営状態に重大な問題が生じていない債務者に対する債権をいう。」（金融商品会計実務指針 109）としています。外来及び入院患者に対する未収医療債権で，一定期間内に貸倒懸念債権又は破綻更生債権となって回収不能額となる割合をもって，貸倒引当金を計上します。この一定期間（＝算定期間といいます）ですが，医療未収債権はその発生時

から1，2か月以内に回収される額を除き，後は長期化する傾向がありますが，通常は1年間を貸倒実績率を計算する期間とします。

【例】　20＊0年3月31日　一般債権残高　　　　　　　　　50,000千円

　　　　20＊0年4月1日～20＊1年3月31日の回収不能額

　　　　患者の破産による回収不能額　　　　　　　　　　3,800千円

　　　　貸倒懸念債権となったための引当額　　　　　　　8,200千円

　　　貸倒実績率　（3,800＋8,200）÷50,000＝24％

　この例で算出した貸倒実績率を，直近前期の3算定期間を計算して，その平均を用いることで，貸倒れの平均実績率を求めて，引当金繰入額を計算する方法が考えられます。

②　貸倒懸念債権

　貸倒懸念債権とは，「経営破綻の状況には至っていないが，債務の弁済に重大な問題が生じているか又は生じる可能性が高い債務者に対する債権をいう。」（金融商品会計実務指針112）としています。医療未収債権発生時よりおおむね1年以上が経過し，固定化している状況で，債務者は破産等をしているわけではないのですが，督促しても入金がないような未収額をいいます。このような債権に対する貸倒引当金の計上方法は，各債務者の状況によることになりますが，一定の繰入率を算出して引当計上することも考えられます。引当率の計算では，算定期間の期首の貸倒懸念債権残高のうち，当該期間末日までに貸倒損失となった額の割合を用いることになります。

【例】　20＊0年3月31日　貸倒懸念債権残高　　　　　　　30,000千円

　　　　20＊0年4月1日～20＊1年3月31日の患者の破産，失踪，住所不

　　　　　明による貸倒損失額　　　　　　　　　　　　　18,000千円

　　　貸倒実績率　　　18,000÷30,000＝60％

　この引当率を20＊1年3月31日の貸倒懸念債権残高に乗じて引当金を

計上します。

　この貸倒引当率も，3算定期間の平均値を用いることが望ましいと考えられます。

③　破綻更生債権

　破綻更生債権とは，「経営破綻又は実質的に経営破綻に陥っている債務者に対する債権をいう。」（金融商品会計実務指針116）とされ，病院の未収医療債権では，債務者の破産，行方不明，海外失踪等で回収不能となっている債権が該当します。このような場合，ほとんど担保になるものはなく，全額が回収不能となります。病院には，診療から相当期間経過した未収債権があるものですが，その債権を貸倒れとするまでの相当期間は，旧国立大学の付属病院で3年経過した債権を「みなし消滅」として償却しており，この3年間の期間の経過によって貸倒れとするのも合理的な方法と考えられます。

　破綻更生債権のうち，債務者に支払い能力があると判明した場合には訴訟等によって回収を図ることになります。

　ここでの引当金の処理は，年度末の破綻更生債権残高より，患者が他の保証機関から保証を受けている場合の保証機関によって担保されている額と，訴訟等によって回収が可能と見積もられる額を除いた額を回収不能額として，貸倒引当金又は貸倒損失とします。

患者の個人負担分の未回収額は，診療後又は退院後1，2月を経過すると回収が難しくなります。事務職員の督促・回収に係る労務負担も増え，また生活保護等の患者の事務手続の指導など，多くの手数を要することになります。貸倒引当金の計上方法は，過去の実態を反映して未収債権額の評価をするのですから，より簡便な計算方法を検討するのも適正な会計処理として認められます。

　最近，外国人の患者が増える傾向にありますが，日本の健康保険に加入していない場合には，事前に保証を受ける機関もあり，患者に説明することで回収不能債権の発生を回避する方法があります。特に先進医療を希望する患者の場合，自由診療による診療報酬額は多額に上るため，保証等の用意が必要ではないかと思います。

　なお，医業未収金以外の債権に関しても，その回収可能性を評価して貸倒引当金を計上することになります。

 ## 2-3　退職給付会計

（1）　退職給付会計の意義

　病院も一般企業と同様に，医師，看護師を雇用して，就業規則又は労働協約に従った退職金の支払義務があります。この退職金の支払いに備えるために，従来より退職給与引当金を毎年積み立ててきました。でも，この退職給与引当金の計上方法として一般的に採られていた方法は，すべての従業員が年度末に自己都合で一斉に退職したと仮定して，その際に支払うべき退職金を計算の基礎として算出する方法でした。しかし，この方法は非現実的な状況を前提としているばかりではなく，定年退職のように自己

都合による退職よりも退職金が高額となる場合を無視しています。

　これから医師，職員の高齢化によって相次いで定年を迎えようとしている最中,この退職金支給による財政的な負担はますます高まってきています。

　退職給付会計は，従来の退職給与引当金の計上に代えて，病院（＝企業）が負担すべき退職金債務を明確にすることを目的にして導入されたのです。

（2）　退職給付の計上

退職給付については次のように示しています。

　退職給付の総額のうち，貸借対照表日までに発生していると認められる額は，退職給付見込額について全勤務期間で除した額を各期の発生額とする方法その他従業員の勤務の対価を合理的に反映する方法を用いて計算しなければならない。（注解 14）

　この退職給付に係る会計処理ですが，平成 12 年度より「退職給付に係る会計基準」が一般企業に適用され，退職給付債務（引当金）が計上されています。

　病院は，医師，看護師，検査技師，そして事務員と多くの人を雇用して経営しており，いわば労働集約的な事業形態とも考えられます。そのために，雇用している従業員に対する将来の退職金の支給は，経営にとって大きな問題となります。

（3）　退職給付債務の計算

　退職給付債務は，退職時に見込まれる退職給付の総額（退職給付見込額といいます）のうち，期末までに発生していると認められる額を一定の割引率及び予想される退職時から現在までの期間（残存勤務期間といいま

す）に基づき割引計算をして算出することになります。

　退職給付見込額は，現在の給与額に将来の昇給率と退職時の退職金支給率を乗じて計算することになります。また，全従業員が定年まで勤務するとは限りませんので，予定退職率を考慮することになります。期末までに発生している退職給付額は，退職給付見込額に退職時の勤務年数に対する期末までの勤務年数の比率を乗じて計算することになります。このようにして算出した期末の退職給付債務は，将来支給するべき退職金の額を基準に計算しており，それを現在価値に引き直す必要がありますので，割引率によって現在価値額を計算することになります。また，従業員も人間ですので，死亡率も考慮することになります。

　と説明しますと，相当に複雑な計算をすることになると感じられたのではないでしょうか。実務的には，生命保険会社か信託銀行に依頼して，期末の退職給付債務額を計算してもらっているのです。そして，各事業年度では，発生した退職給付費用を損益計算書に費用計上しているのです。

（4）　退職給付の簡便計算

　多くの会社では，退職給付債務額を外部の生命保険会社等に計算依頼して，その額を財務諸表に反映させています。しかし，従業員数が少ない中小企業では，この退職給付債務を計上していない例が多くなっています。この中小企業の定義は，「退職給付会計に関する実務指針」では従業員数300人未満の企業となっています。もし，従業員数が上記の人数未満であれば，簡便的な計算方法として次の計算式を用いることが考えられます。

　①　従来の期末自己都合要支給額×予想昇給率÷割引率

　②　従来の期末自己都合要支給額

　この予想昇給率及び割引率は，平均残存勤務年数に対応する期間分を計算のベースにすることになります。

Reference

　退職給付債務に係る会計処理等に相違がある場合には，「退職給付債務に関する会計処理を病院会計準則と異なる方法で行っている場合には，その旨，採用した引当金の計上基準，病院会計準則に定める方法によった場合と比較した影響額を『比較のための情報』として記載する。病院の従事者に係る退職給付債務のうち，当該病院外で負担するため，病院の財務諸表には計上されないものが存在する場合には，その旨及び概要を『比較のための情報』に記載する。」（ガイドライン 3-9）となります。

 ## 2-4　研究開発費会計

（1）　研究開発費会計の意義

　平成 11 年度より一般企業に対して，「研究開発費等に係る会計基準」が

適用されました。この基準は，企業会計における研究・開発のための支出額の会計処理がまちまちなため，それを明確に定めたものです。会計処理に関する旧商法の規定では，試験研究費及び開発費は将来の収益獲得に寄与するものとして，貸借対照表の資産に計上し，その償却費を将来の年度の費用として計上することが認められていました。しかし，この規定はあくまでも任意であり，資産計上又は費用処理がまちまちな状態になり，会計上の認識として大いに問題となっていました。これを解決するために，上記の基準が定められたのです。

（2）　病院と研究開発費

　従来より病院の会計実務として，医師や検査技師による研究費支出額を資産計上してきた例は少ないと思われます。しかし，近年の飛躍的な医療技術の向上は，当該研究による成果が実るのであり，医学と工学の共同研究も「医工連携」研究として定着しています。医療の現場では，患者と直に接している医師や技師による研究が進められることが多いため，その研究に係る支出額の会計処理について明確にする必要があります。

（3）　研究開発費とソフトウェア

　研究開発のために支出する費用は，その成果が実って将来の更なる診療報酬のアップにつながる可能性がゼロではないでしょうが，その確実性を計ることは不可能です。その不可能な将来の収益稼得能力を資産に計上することは，架空の資産を計上するおそれがあるため，病院が支出する研究開発費はその支出時に費用処理することが適切な会計処理とされました。

　一方，医療機器を操作するためには最近のIT技術を駆使したソフトウェアが大活躍しています。このソフトウェア取得に係る支出額に関して，資産に計上することが許容される場合を明らかにしています。

① 病院外より受託して，自ら開発したソフトウェアは，その制作費を収益に対比すべき原価とするために，完成まで棚卸資産に計上することになります。

② 他の医療機関に有償にて提供する目的のソフトウェアの開発のための支出額は研究開発費として費用処理されますが，その研究が終わった後に提供するためにかかる支出額は資産計上となります。

③ 購入したソフトウェアについては，将来の収益獲得又は費用削減が確実である場合に限り，資産に計上してその利用期間にわたり償却を行うこととなります。

一時に多額な研究開発のための支出をする場合，病院にとっても大きな負担となりますが，その目的と趣旨が上記に記載したソフトウェアの取得のためであれば，資産計上となるのです。

 Reference

ソフトウェアの会計処理に対して，「病院が利用する目的で購入するソフトウエア（継続的な利用によって業務を効率的又は効果的に行うことによる費用削減が明確な場合の制作ソフトウエアを含む）は，無形固定資産に計上し，減価償却手続によって，各期の費用に計上しなければならないが，資産計上を行わない会計処理を採用している場合には，その旨，会計処理方法，病院会計準則に定める方法によった場合と比較した影響額を『比較のための情報』として記載する。」（ガイドライン 3-8）というように，資産計上していない場合の記載方法を示しています。

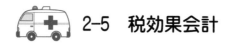# 2-5 税効果会計

（1） 税効果の導入

　新たな病院会計準則には，税効果会計が導入されました。その税効果という言葉が記載されているのは，次の準則と注解です。

　当期純利益は，税引前当期純利益から当期の負担に属する法人税額等を控除して表示する。当期の負担に属する法人税額等は，税効果を加味して当期純利益が負担すべき額を計上するものとする。（準則第40）

　開設主体が課税対象法人である場合には，納付すべき税額は，開設主体全体で計算される。したがって，当期の法人税額等として納付すべき額に税効果会計適用によって計算された税金等調整額を加減した金額のうち，当該病院の利益から発生した部分の金額を，法人税，住民税及び事業税負担額として計上するものとする。（注解24）

　病院会計準則の趣旨として，各病院間の運営状況の比較可能性の確保を図る目的があり，病院の開設主体の中には収益課税されるものもあるため，その税額のうち病院が負担すべき額を明らかにする必要があります。開設主体が負担する税額は，税法特有の課税所得計算をするため，納税額の按分では必ずしも妥当な税負担額とはならない場合があり，一般企業に導入されている税効果会計の適用によって，負担すべき税額を算出することになったのです。

（2）　税効果会計とは？

　税効果とひと言でいってしまいますと，多くの人が「税金が何かの効果をもたらすのか？」と思われるでしょう。この言葉は英語の表現をいわば直訳しているもので，"Tax Effect"を日本語で税効果といっているのです。

　この税効果とは，会計上の利益と税務上の課税所得の違いに着目している考え方です。ご存知のとおり病院が作成する損益計算書では，収益から費用・損失を控除して，最終的に開設主体に帰属する当期純利益を表示することになります。これに対して税法上の処理としては，この開設主体の税金負担能力を考慮して，益金の額から損金の額を控除して課税所得を算出し，これに税率を乗じて税額を計算するのです。この会計上の純利益と，税法上の課税所得とがその趣旨とするところが異なるために，金額的に相違が生じるのです。

【会計上】　利益＝収益－費用・損失
【税務上】　所得＝益金－損金

　このように利益と所得が異なるのですから，通常の場合，当期純利益に税率を乗じた額がその会社の納付すべき税額にはならないのです。

　そこで，この両者の違いを認識して，当該年度の利益額が負担すべき税額と，過年度の利益が負担した税額及び次年度以降の利益が負担すべき税額を峻別して，会計上で納付税額を区分する方法が考えられたわけです。

（3）　会計上の利益と税務上の所得の相違点は？

　利益と所得の違いは，なかなか理解し難いものなのです。その代表的な違いを例示してみましょう。

①　会計上の費用なのに税務上の損金にはならないもの

　この例として，貸倒懸念先に対する貸倒引当金の計上や，ゴルフの会員

権の評価損の計上が挙げられます。貸倒懸念先への未収医療債権に対して一定の貸倒引当金を計上しますが，税務上はその債務者が破綻していないとして，その貸倒引当金の繰入額を税務上損金とは認めないのです。また，ゴルフの会員権の相場が著しく下落したために，その評価損を計上しても，税務上はそのゴルフの会員権を売却するか，ゴルフ会社が破綻するまでその評価損を損金とは認めないのです。

② 会計上の費用ではないのに税務上の損金になるもの

ある年度に大きな損失が生じて，税務上も所得金額が赤字になった場合には，その年度以降10年間（青色申告の場合）この赤字分を課税所得の計算上繰越控除できるのです。もちろん過年度の赤字は会計上の費用・損失にはなりませんが，税務上はその赤字額を損金として認めるわけです。

③ 会計上は収益ですが，税務上益金にならないもの

保有している株式に対して支払われる配当金は，会計上医業外収益に計上して利益に算入されますが，税務上は益金に算入されません。この理由は，配当金がその会社の税金負担額を差し引いた後の利益から支払われているため，税金を負担して分配された配当金を再び課税所得に含めると，法人税の二重課税になるとして，所得金額から除外しているのです。

このように，収益≠益金，費用・損失≠益金，なのです。

前述の①が損金不算入項目に該当し、②は損金算入項目に、③は益金不算入項目になります。

（4） 税効果の適用

既述のとおり，当期純利益≠課税所得です。しかし，病院の開設主体が

納付する税額は課税所得に税率を乗じて算出されますので，納税額と当期純利益とは正確に対応していません。当期純利益に税率を乗じた金額が，その年度に納付すべき税額にはならないのが常です。そこで，病院の運営状況をみる上で，当期純利益が負担しなければならない税額を示す必要が生じるのです。過年度の，又は将来年度に帰属する納税額を当期の利益に対応させて計上しますと，当期純利益は実際の運営状況を正確に示しえないものになってしまいます。

　税効果会計の登場は，当期純利益≠課税所得の関係から，当期純利益が負担すべき税額を示し，当該期の運営状況を損益計算書上に表示できる方法を紹介したのです。

【例】

　病院の損益計算書の数値及び税務上の処理は以下のとおりです。

　　＊税引前当期純利益：1,000百万円

　　＊当期の会計処理で税務上認められないもの

　　　　有価証券の評価損：140百万円

　　　　退職給付引当金繰入額：60百万円

　　　　貸倒引当金繰入額：320百万円

　　＊当期の受取配当金で税務上益金に算入されないもの

　　　　受取配当金：20百万円

　　＊過年度に損金不算入となったものの戻入益で益金不算入となるもの

　　　　債務者破産による貸倒引当金戻入額：200百万円

　　＊税率は25％とします。

さて，当期の納税額はいくらになるのでしょうか。

課税所得額

　＝税引前当期純利益＋損金不算入額－益金不算入額－損金算入額

　＝1,000＋（140＋60＋320）－20－200

$$= 1,300$$

税額 ＝ 課税所得額 × 税率

$$= 1,300 \times 25\%$$

$$= 325$$

　この結果を，税効果を適用しない方法で損益計算書を作成すると次のようになります。

損益計算書

Ⅰ　医業収益	×××
・	
・	
・	
税引前当期純利益	1,000
法人税，住民税及び事業税負担額	325
当期純利益	675

　税引前当期純利益に対する税率は，32.5％になってしまい，法人税，住民税そして事業税の税率を単純に足した約 25％より 7.5％も高く示される結果になっています。

　では，税効果を適用すると，どのようになるでしょう。

損益計算書

Ⅰ　医業収益	×××
・	
・	
・	
税引前当期純利益	1,000
法人税，住民税及び事業税負担額	245
当期純利益	755

となります。税引前当期純利益に対する税率は 24.5％になります。この法人税，住民税及び事業税負担額はどのように計算したのでしょう。その

内訳を分解してみましょう。

〈損金不算入項目〉

　有価証券の評価損，退職給付引当金繰入額及び貸倒引当金繰入額は，税法上損金に算入されない項目として，課税所得に算入されますが，それぞれ事実が確定した時点で税務上損金に認められます。しかしその事実が確定した年度では，会計上の費用・損失には計上されません。すでに会計上は費用処理されていますので，再度費用に計上すると二重計上になってしまいます。これらの事実が確定した年度の当期純利益から減算し，課税所得を少なくするのです。そうしますと事実が確定した年度では納税額が少なくなりますので，今期に損金不算入として追加払いした税額は将来の納税額の前払いということになり，その額は貸借対照表の資産に繰延税金資産として計上されることになります。

〈益金不算入項目〉

　受取配当金は二重課税を排除する趣旨から，課税所得には含まれませんので，控除することになります。しかし，この受取配当金に関しては，将来何がしかの事実の確定によっても益金に算入されることはありませんので，税効果上考慮する必要はないわけです。

〈益金不算入額〉

　過年度に損金に算入されないことを承知の上で，貸倒引当金を計上していましたが，貸倒れの事実が確定したことで，当該債権全額が損失になりますが，会計上はすでに貸倒引当金を繰り入れてあるので，不足額のみが貸倒損失になります。しかし，税務上では，過年度に計上した貸倒引当金は損金と認められないので，全額が貸倒損失になります。そこで，過年度に繰り入れた貸倒引当金の取崩額を当期純利益から差し引くことによって，税務上全額が貸倒れになったとし，課税所得を計算することになります。この益金不算入額に対応する税金は，過年度に前払いしており，繰延税金

資産として計上されていたものなのです。

　そうしますと，新たに前払い税金となるは損金不算入額の合計520百万円×25％＝130百万円です。

　また，過年度に繰り入れた貸倒引当金の取崩額200百万円×25％＝50百万円が，繰延税金資産を減少させることになります。差し引き繰延税金資産の増加額は，130－50＝80百万円となります。これが法人税等調整額になるわけです。ですので，税効果適用後の法人税，住民税及び事業税負担額は，325－80＝245となります。

　以上の結果を反映して，税効果を考慮した損益計算書を作成すると次のようになります。

損益計算書

I　医療収益	××××
:	
:	
:	
税引前当期純利益	1,000
法人税・住民税及び事業税	245
法人税等調整額	80
当期純利益	675

この年度が負担すべき税額は 245 なのですが，税法に基づき納付すべき税額は，245＋80＝325 となることを示すのです。

 2-6　補助金に係る会計

（1）　補助金の趣旨

　病院は医療サービスを提供する公益性の高い組織であり，その組織を物理的，経済的に維持するのは非常に難しくなってきています。併せて，高齢化の進行による医療施設の拡充，高度医療技術の発展に伴う多額の設備投資と，その運営状況は毎年苦しくなってきています。そのような医療サービスを維持することが行政にも求められ，病院の運営に対する補助金が交付されることがあります。この補助金に係る会計処理は，他の医業収益の収入額の会計処理とは異なる方法を求めています。

（2）　補助金に係る会計処理

　補助金については，非償却資産の取得に充てられるものを除き，これを負債の部に記載し，補助金の対象とされた業務の進行に応じて収益に計上しなければならない。設備の取得に対して補助金が交付された場合は，当該設備の耐用年数にわたってこれを配分するものとする。
　なお，非償却資産の取得に充てられた補助金については，これを純資産の部に記載するものとする。（準則第 19　3．（4））

　補助金については，非償却資産の取得に充てられるものを除き，こ

自治体からの補助金によって，高額な医療機器を購入できた！

　病院が補助金の交付を受けた際には，収益に計上するのではなく，まず前受補助金として貸借対照表の負債に計上することになります。これは，補助金交付によって生じた義務をいまだ果たしていないので，その義務を負債として認識するのです。そして，その補助対象となった目的に従って支出された場合，課された義務が解除されたとしてその負債を取り崩すことができるのです。補助対象の事業を行ったことで費用が発生しますが，一方負債の返還義務がなくなるために利益が計上されますので，病院にとって補助事業の執行による損益は結果として差し引きゼロとなります。

　もし，当該補助事業によって資産を取得した場合には，その取得代金そのものが当該年度の費用にはなりませんので，資産取得代金に相当する補助金額を収益に計上すると，収益と費用の計上額がアンバランスになってしまいます。そこで，機械装置や機器備品などのような償却資産を取得したときには，補助金から当該取得金額相当額を負債のまま繰り越し，減価償却資産の減価償却費の計上にあわせて負債額を取り崩して収益化し，減価償却費と長期前受補助金取崩益とが対応して，損益ゼロとなります。

　また，取得した資産が，土地等の非償却資産であった場合には，以後に

減価償却費の計上はありませんので，その取得に充てられた補助金相当額を貸借対照表の純資産の部に計上することになります。これは，非減価償却資産の取得そのものが，病院の財産的基礎となることを，純資産の部への計上によって示しているのです。

 Reference

「補助金の会計処理について，病院会計準則と異なる会計処理を行っている場合には，その旨，採用した会計処理方法，病院会計準則に定める方法によった場合と比較した影響額を『比較のための情報』として記載する」（ガイドライン 3-5）として，病院間の比較可能性を確保しています。

COVID-19（コロナ）の感染に伴って多くの医療機関に対して補助金が交付されましたが，この補助金の会計処理について説明します。前述のように，補助金の交付を受けた際には前受補助金に計上し，その補助の対象の内容によって次の処理をすることになります。

① コロナ感染症への対応のための経費を補助する内容であるときには，前受補助金から運営費補助金収益に振替えることになります。ただ，コロナに係る費用が医業費用に計上されるため，医療損益計算での費用収益の対応関係が損なわれる虞があるため，コロナに係る補助金額を注記で説明することが適切ではないかと考えられます。

② コロナ感染症への対応として，検査機器，診療機器，減圧病室の設備設置等の資産の取得に補助金が充てられた場合には，当該補助金を長期前受補助金として負債に計上したままとして，取得した資産の減価償却に併せて収益化することになります。ここでも，当該補助金の交付が非経常的な事象であるため，注記による説明が適切かと考えられます。

第3章
病院会計準則の一般基準

　毎日の取引の集合体を数値によって表す財務諸表を「記録と慣習と判断との総合的表現である」といいます。財務諸表は，取引を通じて資産，負債，資本（純資産）の増減と，その裏付けになる収益と費用の発生を，実務によって醸成された会計処理慣習を用いて判断し，簿記という手法によって記録し，一表にまとめた情報です。

　しかし，この会計処理慣習は時代の変化に伴って，会計上の取引の実態をより適切に反映できるように変化するものです。このように会計処理に係る基本的な考え方，判断基準は現実の社会の要請と経済環境の変化によって，自らの姿を変化させることになるのです。

　現実の世界でも，グローバル・スタンダードの掛け声の下で，10年以前より劇的な変化が起こっています。このような会計処理に係る実務慣行が醸成される中で，その大前提となっているのが「一般原則」です。

3-1　真実性の原則

　　病院の会計は，病院の財政状態及び運営状況に関して，真実な報告を提供するものでなければならない。（準則第6）

　この原則は，一般原則の中でも中心的な規範を示しているもので，一般に公正妥当と認められた会計処理の基準に従って財務諸表を作成すべきことを求めているのです。病院においては，病院会計準則に従って財務諸表を作成することが求められているのです。

　　病院経営の効率化を図るためには，異なる開設主体間の病院会計情報の比較可能性を確保する必要があり，真実な報告が要請される。（注解1）

とされています。このことは，個々の病院が第1章で述べたように全く異なる経営主体によって開設されていることが多く，開設主体ごとの財務諸表又は計算書類が必ずしも各病院の経営内容を比較可能な状態にはしていないことを示しています。国又は地方自治体によって運営されている病院から，医療法人，学校法人，個人，そして企業などの法的にも全く異なる組織体によって経営されているのです。そのような状況下で，病院の効率的な運営を図ることができるように，そして相互に比較可能性を保持できるように各病院に財務諸表の作成が求められています。注解はこの病院会計準則の目的としているところを的確に表しています。

3-2　正規の簿記の原則

　病院における会計事務では，複式簿記の手法によってすべての取引を記録する会計帳簿を作成することになります。病院では診療行為とは直接に関係をもたない役務の提供，例えばテレビの貸出し，自動販売機の設置等がありますが，病院が直接行っている業務であれば，会計上の取引として会計帳簿に記載しなければなりません。そのような意味で，病院で行われている取引を網羅的に把握し，検証可能な証拠によって裏付けられなければならないとしています。このような会計帳簿に基づいて財務諸表が作成されることを大前提としています。複式簿記の優れている点の1つに，この会計帳簿から記録されている各勘定科目の計上額を集計することで，財務諸表が自動的に作成されることが挙げられます。今回の改正によって財務諸表の1つとして位置づけられたキャッシュ・フロー計算書について，

　キャッシュ・フロー計算書は，病院の財務諸表を構成する書類のひとつであり，基本的には正確な会計帳簿に基づき作成されるべきもの

としており，会計記録から作成されることを示しています。

　また，正規の簿記の原則に対して，経済合理性の立場から簡便な会計処理の採用が許容されることが，重要性の原則の考え方より示されています。

　会計上の取引では，その経済的な実態を考慮して記録することになりますが，その内容を細部にわたって検討しますと，実は際限がないことがあります。例えば事務用消耗品を考えてみますと，ボールペン 10 本入り 1 箱を買い，そのうちから必要に応じて使用者に払い出されることになりますが，厳密に考えてみますと，そのボールペンのインクがなくなるまで費用とはならないようにも考えられますし，1 本ずつ払い出された時点で費用になるとも考えられます。しかし，物の管理は別として，会計実務的に

この 1 本 1 本を
個々に費用にすることは
面倒だよね！

はそのボール・ペンを購入した時点で費用として処理しています。このように，正規の簿記の原則に対して，経済合理性の観点から重要性の判断が働くことになります。

 ## 3-3　損益取引区分の原則

> 　病院の会計においては，損益取引と資本取引とを明瞭に区別し，病院の財政状態及び運営状況を適正に表示しなければならない。（準則第8）

　病院会計準則は，既述のように病院を運営する1法人の会計処理を規定しているのではなく，あくまでも病院といった施設に着目して財務諸表を作成することを意図している会計基準です。ですから，一般の企業のように資本金や基本財産勘定をもって運営されている独立した法人ではないので，ここでいう「資本取引」とは，出資取引をいうのではなく，損益取引以外で「純資産額」の増減をもたらす取引をいいます。つまり，

> 　病院会計における損益取引とは，収益又は費用として計上される取引を指し，資本取引とはそれ以外に純資産を増加又は減少させる取引をいう。（注解3）

ということです。

　ただ，損益取引も結果として純資産額の増減をもたらすことになりますが，ここでいう資本取引と異なるのは収益及び費用を計上する取引を通じて純資産額を増減させることになるのであり，直接的に純資産額の増減を

きたす資本取引とは異なるのです。

　損益取引と資本取引は，損益計算書に計上される取引か否かによって結果として区別されることになり，収益又は費用を構成しない取引がこの準則でいう資本取引になります。

 ## 3-4　明瞭性の原則

> 　病院の開設主体は，財務諸表によって，必要な会計情報を明瞭に表示し，病院の状況に関する判断を誤らせないようにしなければならない。（準則第9）

　病院の開設主体に対して，必要な会計情報を明瞭に開示することを求めているのであり，病院が公表する財務諸表がその読者の判断を誤らしめることのないように作成することを求めています。病院にとって，医療サービスの向上のため，必要な設備投資と優秀な医師の確保と養成が求められます。このような場合に必ず必要になるのが，物的・人的投資であり，そのための財源が必要になり，また今後の経営によってその財源の確保の予測が必要不可欠になります。病院の運営状況が当該投資を可能とするのか否かは経営者にとって最大重要課題となり，その経営意思決定のために十分な，そして客観的な会計資料を提供するものでなければなりません。この明瞭性とは，財務諸表等の会計情報をより見やすく，理解しやすいように作成することを求めているのです。

3-5　継続性の原則

> 　病院の会計においては，その処理の原則及び手続きを毎期継続して
> 適用し，みだりにこれを変更してはならない。(準則第 10)

　病院の会計処理には，その方法のうちに複数の適正な方法があります。
例えば，建物や診療機器のような有形固定資産の減価償却の方法を考えて
みます。減価償却計算には，毎年一定額の減価償却費を計上する定額法，
毎期帳簿価額に一定率を乗じて計算する定率法等の複数の方法の選択適用
が認められています。当然各方法によって毎期の減価償却費は異なること
になり，損益計算書に計上される費用が異なることになります。病院が作
成する財務諸表の比較可能性を維持するために，いったん採用した会計方
針は毎期継続して適用しなければならないとしているのです。

　しかし，すでに述べたように会計は，「会計実務の中に慣習として発達
したもののなかから，一般に公正妥当と認められたところを要約したも
の」(企業会計原則前文)というように，帰納要約されたものであり，病
院を取り巻く経済環境の変化に伴って，会計事実をより適正に表示するた
めの処理方法が変化することが予想されています。

　そこで，

> 　会計方針を変更した場合には，その旨，理由，影響額等について注
> 記しなければならない。会計方針変更の例としては，次のようなもの
> がある。
> ①　会計処理の原則又は手続きの変更

というように，会計方針を変更した場合には，その変更するに至った理由
とその変更によって前年度と同様の方法によって処理した場合との違いを
影響額として注記することが求められているのです。

 # 3-6　保守主義の原則

1.　病院の開設主体は，予測される将来の危機に備えて，慎重な判断
　　に基づく会計処理を行なわなければならない。
2.　病院の開設主体は，過度に保守的な会計処理を行うことにより，
　　病院の財政状態及び運営状況の真実な報告をゆがめてはならない。
（準則第 11）

　この保守主義の原則は，別名安全性の原則又は慎重性の原則ともいわれ
るもので，古くは「予想の利益は計上してはならない。予想の損失は計上
しなければならない。」といわれる表現で，この保守主義の考え方が示さ
れています。

　具体的には，保有する資産の評価減の認識，引当金の計上が考えられま
す。医療材料等の棚卸資産の時価が帳簿価額より下落した場合には，保有
する資産が値下がりした分だけ財産額が毀損してしまったということにな
るのです。また，退職給付引当金や貸倒引当金等のように，すでにその費
用の発生した事実が存在し，その金額が合理的に見積もることができる場
合に計上が求められるのも，この保守主義が色濃く反映しています。

ただ，発生の可能性が計測できない将来の株式の時価の下落に備えて，任意に評価損に対する引当金の計上のように，過度に引当金や評価損を計上するような処理は認められません。

 3-7　重要性の原則

> 　病院の会計においては，会計情報利用者に対して病院の財政状態及び運営状況に関する判断を誤らせないようにするため，取引及び事象の質的，量的重要性を勘案して，記録，集計及び表示を行わなければならない。（準則第12）

　この重要性の原則は，実務的な要請から考えられたものです。財務諸表はそれを利用する読者がいるからこそ，その情報伝達機能が発揮されるのであり，読者に理解されやすいことがまず求められます。詳細な情報をふんだんにそろえても，読者に読んでもらえなければ意味はないのです。ちなみに，読者の皆さんはご自身が加入している火災保険等の保険契約約款を読んだことがありますか。もちろん契約ですので，法的な権利義務を詳細に定める必要がありますから，無駄な情報ではないのですが，読解することは保険契約者にとってはかなり苦痛を伴っていると思います。しかし，財務諸表はその法人の経済的な実態の内容を示すものとして，より簡潔で読みやすい内容が望まれるのです。そこに財務諸表の作成者に対して重要性の判断が求められているのです。

　重要性の判断には，金額的重要性と質的重要性があります。財務諸表の数値に及ぼす影響の金額的な大小によって判断し，重要性があると認めら

れる場合には，本来の会計基準に従った処理及び表示が求められます。また，質的重要性は金額の多寡ではなく，その取引の内容によって処理及び表示方法を決めることになります。

　重要性の原則の適用によって簡便な処理を認めるが，前出の「正規の簿記の原則」に抵触しないこと，そして，簡便な表示によることが「明瞭性の原則」と相反することではないことを次の注解で述べています。

1.　重要性の乏しいものについては，本来の会計処理によらないで，合理的な範囲で他の簡便な方法によることも，正規の簿記の原則に従った処理として認められる。
2.　重要性の原則は，財務諸表の表示に関しても適用され，本来の財務諸表の表示方法によらないで，合理的な範囲で他の簡便な方法によることも，明瞭性の原則に従った表示として認められる。（注解4）

　会計処理を行うに当たって，特定の会計処理の中には適正と認められる方法が複数ある場合があり，病院がどの方法を採用したかを明示する必要があります。

　財務諸表には，重要な会計方針を注記しなければならない。会計方針とは，病院が貸借対照表，損益計算書及びキャッシュ・フロー計算書の作成に当たって，その財政状態及び運営状況を正しく示すために使用した会計処理の原則及び手続き並びに表示の方法をいう。会計方針の例としては，次のようなものがある。
　①　有価証券の評価基準及び評価方法
　②　たな卸資産の評価基準及び評価方法
　③　固定資産の減価償却の方法

④ 引当金の計上基準

⑤ 収益及び費用の計上基準

⑥ リース取引の処理方法

⑦ キャッシュ・フロー計算書における資金の範囲

⑧ 消費税等の会計処理方法

⑨ その他重要な会計方針（注解5）

　このように採用した会計処理を，重要な会計方針として記載することを求めているのです。その結果，財務諸表の読者・利用者がその会計方針を前提とした上で比較・検討することが可能になるのです。

Reference

　この重要な会計方針に関して，病院が「病院会計準則に規定する以外の会計方針を採用している場合には，その旨，内容又は病院会計準則に定める方法によった場合と比較した影響額を記載する。」（ガイドライン2-1）とされています。

　また，重要な会計方針記載の留意点として，「重要な会計方針の注記は，『比較のための情報』と同様の意味を有するので，たとえば，固定資産の減価償却の方法の記載には，重要性の原則を適用して償却資産を固定資産に計上しない場合の判断基準（金額），耐用年数の決定方法等の情報が含まれる点に留意する。」（ガイドライン2-2）とされています。

　次期以降の財務諸表に影響する事象が，貸借対照表日（貸借対照表の作成基準日のことで，通常，会計年度の期末日になります）以降に生じた場合にも，重要性の原則によって開示が求められています。

財務諸表には，貸借対照表，損益計算書及びキャッシュ・フロー計算書を作成する日までに発生した重要な後発事象を注記しなければならない。

　後発事象とは，貸借対照表日後に発生した事象で，次期以後の財政状態及び運営状況に影響を及ぼすものをいう。

　重要な後発事象を注記として記載することは，当該病院の将来の財政状態及び運営状況を理解するための資料として有用である。

　重要な後発事象としては，次のようなものがある。

①　火災・出水等による重大な損害の発生

②　重要な組織の変更

③　重要な係争事件の発生又は解決（注解7）

財務諸表に関連することは積極的に開示することが求められています。

　土地・建物等の無償使用等を行っている場合，その旨，その内容について注記しなければならない。（注解8）

病院の財政状態及び運営状況を適正に開示するための「追加情報」の開示の例としては，有形固定資産の無償使用の事実を挙げています。これは，

重要性の原則

これが問題なんだよな～ぁ

病院の社会的な使命と公共性の観点から，行政等より土地等の資産を無償ないしは低廉な賃借料で使用している場合があるため，病院間の運営状況の比較可能性を保持するための方策として注記を求めているのです。

 ## 3-8　単一性の原則

> 　種々の目的のために異なる形式の財務諸表を作成する必要がある場合，それらの内容は信頼しうる会計記録に基づいて作成されたものであって，政策の考慮のために，事実の真実な表示をゆがめてはならない。(準則第13)

　この病院会計準則は，個々の病院の財務諸表の作成に対して規定しているものです。もちろん財務諸表は，正規の簿記の原則に従って記帳された会計帳簿に基づいて作成されなくてはなりません。また，病院を経営する医療法人や大学，自治体等はそれぞれ開設主体が準拠すべき会計の基準に従って財務諸表を作成することになります。その際に，表示する数値の根拠は，病院で作成されている会計帳簿に基づいているのであり，その意味で単一の会計情報によって諸処の目的に応じた財務諸表が作成されることになることを，この単一性の原則で述べているのです。

第4章
貸借対照表

　財務諸表を，事業を営む組織体の状況を説明する車の両輪としますと，この貸借対照表は財政状態を示す片方の車輪になります。その事業体がどのような資産を使って事業を営んでいるのか，そしてその財源をどのように賄っているのかを示しているのです。

　会計を，よく個人の家計を例にとって考えてみることがあります。毎日の生活のための資金の準備，万が一のための蓄え，そして大事な住まい，その財源として，親からの相続財産，そしてマイ・ホーム取得のための住宅ローン，ひょっとしたら子供の学資のための学資ローンと，考えてみますと，借方：財産と，貸方：その原資という貸借対照表が出来上がります。

　決して財務諸表は難しいものではないのです。

4-1 貸借対照表の目的と表示

（1） 貸借対照表の作成目的

　　貸借対照表は，貸借対照表日におけるすべての資産，負債及び純資産を記載し，経営者，出資者（開設者），債権者その他利害関係者に対して病院の財政状態を正しく表示するものでなければならない。

1.　債務の担保に供している資産等病院の財務内容を判断するために重要な事項は，貸借対照表に注記しなければならない。

2.　貸借対照表の資産の合計金額は，負債と純資産の合計金額に一致しなければならない。（準則第 14）

　貸借対照表は，病院が所有するすべての資産，負っているすべての負債，そしてその差額として計算される自らの純財産額である純資産を一表にまとめて表示することで，その貸借対照表の作成基準日（多くの例では 3 月31 日）現在の財政状態を説明することになります。病院を運営する病院長，事務長，病院の設置のための資金提供者である出資者，病院の機器や医薬品等を納入する債権者，そして病院の顧客である患者などの利害関係者に対して，病院の基準時点での財政状態を説明することになります。

　また，病院が金融機関等から資金調達のために所有する資産（主に有形固定資産が該当しますが）を担保に差し入れている場合には，その資産等の処分に制約がかかることになりますので，病院の財務内容を知る上で必要な情報として注記が求められています。

　また従来資本と言ってきた名称に代えて，企業会計で用いられている純資産という概念が貸借対照表に使われることになっています。

（2） 貸借対照表の表示

貸借対照表は，資産の部，負債の部及び純資産の部の三区分に分け，さらに資産の部を流動資産及び固定資産に，負債の部を流動負債及び固定負債に区分しなければならない。(準則第 15)

貸借対照表の表示に関して，資産，負債，純資産の３区分により，かつ，計上される各勘定科目の性格から，流動と固定に区分することを求めています。

Reference

この表示方法とは異なる方法による場合には，「病院会計準則においては，流動資産及び固定資産以外の，いわゆる繰延資産の計上は認められない。開設主体の会計基準に基づき繰延資産を計上する場合には，その旨及び損益計算書に与える影響額を『比較のための情報』として記載する。」（ガイドライン 3-1）としています。

資産，負債は，適切な区分，配列，分類及び評価の基準に従って記載しなければならない。(準則第 16)

貸借対照表の表示は，病院会計準則の趣旨を果たすためにも，病院相互間の比較可能性を保持するものでなければなりません。

Reference

もし，開設主体の会計基準による場合には，「開設主体の会計基準により，資産，負債の区分又は科目名称について，病院会計準則と異なる場合には，その内容を『比較のための情報』として記載する。」（ガイドライン 3-2)としています。

資産，負債及び純資産は，総額によって記載することを原則とし，資産の項目と負債又は純資産の項目とを相殺することによって，その全部又は一部を貸借対照表から除去してはならない。（準則第17）

　貸借対照表の趣旨は，病院の運営に投入されているすべての資産，その財源である負債と純資産を，お互いに相殺することなく表示することを求めています。

　資産及び負債の項目の配列は，流動性配列法によるものとする。（準則第18）

　貸借対照表の表示では，資産及び負債の並べ方をまず流動性の高いものから先に並べる方法，つまり流動性配列法を採っています。

 Reference

　もし，流動性配列法ではなく，固定資産の順から表示する固定性配列法によっている場合でも，並び替えることによって比較可能なため，「貸借対照表において流動資産と固定資産，流動負債と固定負債が区別されている限り，項目の配列が病院会計準則と異なっても利用者が病院の財政状態及び運営状況を判断することは困難ではない。開設主体の会計基準により，固定性配列法を採用している場合であっても，組替え又は『比較のための情報』記載は要しないものとする。」（ガイドライン3-3）として，比較のための情報の記載を求めていません。

4-2 貸借対照表科目の表示と評価原則

（1） 貸借対照表科目の分類

　貸借対照表に計上する勘定科目の分類及び区分に関して次のように定めています。

> 　資産及び負債の各科目は，一定の基準に従って明瞭に分類しなければならない。（準則第 19　1.）
>
> 　資産は，流動資産に属する資産及び固定資産に属する資産に区別しなければならない。仮払金，未決算等の勘定を貸借対照表に記載するには，その性質を示す適当な科目で表示しなければならない。（準則第 19　2.）
>
> 　負債は，流動負債に属する負債と固定負債に属する負債とに区別しなければならない。仮受金，未決算等の勘定を貸借対照表に記載するには，その性質を示す適当な科目で表示しなければならない。（準則第 19　3.）
>
> 　純資産は，資産と負債の差額として病院が有する正味財産である。純資産には，損益計算書との関係を明らかにするため，当期純利益又は当期純損失の金額を記載するものとする。（準則第 19　4.）

　資産，負債それぞれで，流動と固定に区別して表示すべきことを示しています。

（2） 貸借対照表科目の流動と固定を区別する基準

　資産及び負債を区別する基準に関しては，次のように説明しています。

1. 医業未収金（手形債権を含む），前渡金，買掛金，支払手形，預り金等の当該病院の医業活動により発生した債権及び債務は，流動資産又は流動負債に属するものとする。ただし，これらの債権のうち，特別の事情によって1年以内に回収されないことが明らかなものは，固定資産に属するものとする。

2. 貸付金，借入金，当該病院の医業活動外の活動によって発生した未収金，未払金等の債権及び債務で，貸借対照表日の翌日から起算して1年以内に入金又は支払の期限が到来するものは，流動資産又は流動負債に属するものとし，入金又は支払の期限が1年を超えて到来するものは，固定資産又は固定負債に属するものとする。

3. 現金及び預金は，原則として流動資産に属するが，預金については貸借対照表日の翌日から起算して1年以内に期限が到来するものは，流動資産に属するものとし，期限が1年を超えて到来するものは，固定資産に属するものとする。

4. 所有有価証券のうち，売買目的有価証券及び1年内に満期の到来する有価証券は流動資産に属するものとし，それ以外の有価証券は固定資産に属するものとする。

5. 前払費用については，貸借対照表日の翌日から起算して1年以内に費用となるものは，流動資産に属するものとし，1年を超える期間を経て費用となるものは，固定資産に属するものとする。未収収益は流動資産に属するものとし，未払費用及び前受収益は，流動負債に属するものとする。

6. 医薬品，診療材料，給食用材料，貯蔵品等のたな卸資産は，流動資産に属するものとし，病院がその医業目的を達成するために所有し，かつ短期的な費消を予定しない財貨は，固定資産に属するもの

　流動及び固定の区分では，医業未収金のように，病院本来の営業活動によって生じた債権は流動資産とする正常営業循環基準を原則としています。また，その他の資産及び負債については，貸借対照表日（期末日）から起算して，1年以内に現金の収入・支出となるか，1年超になるのかによって区別する考え方があり，これを1年基準（ONE YEAR RULE）といいます。この1年基準の判断では，資産又は負債の属性から判断しているものもあり，前払費用は1年基準で区別しますが，同じ経過勘定（未収，未払，前払，前受の各勘定科目の総称）でも，未収収益，未払費用及び前受収益はすべて流動区分に計上することを求めています。

 ## 4-3　資産の評価原則

　貸借対照表に計上される資産の評価では，

　貸借対照表に記載する資産の価額は，原則として，当該資産の取得原価を基礎として計上しなければならない。（準則第20）

とされており，取得原価主義によっています。もし，その取得が外貨額をもって取得した場合の評価方法は，

1.　外貨建資産及び負債については，原則として，決算時の為替相場による円換算額をもって貸借対照表価額とする。

2.　重要な資産又は負債が外貨建であるときは，その旨を注記しなけ

というように，外貨の為替換算額を用いることになります。高額な医療機器のうちには，輸入機器が少なくありません。しかし，この外貨換算が適用されるのは，病院が外貨によって代金を決済する場合で，商社を通じて取得している場合には，為替相場の変動による為替リスクを負担する例は少ないと考えられます。

　寄付，贈与等により無償で取得した資産については，

　　譲与，贈与その他無償で取得した資産については，公正な評価額をもって取得原価とする。（準則第 21）

とされています。

 4-4　流　動　資　産

　流動資産に計上する資産を，準則の様式例に示されている順にその内容を見てみましょう。

（1）　現金及び預金

　現金には，現金そのもの以外に即時現金化される手元にある受取小切手，送金為替手形，郵便振替小切手，郵便為替証書や支払期日の到来した債券の利札なども含まれます。

　預金には，金融機関に預けている各種の預金をいいます。しかし，預金の中で貸借対照表日から満期までの期間が 1 年を超えるものは，固定資産

に計上することになります。

　病院には毎日外来患者が訪れ，医事課の窓口で治療代の精算をしています。多くの病院では金銭の精算を機械化していますが，お年寄りが窓口で精算する場面をよく見ます。病院の職員も人間ですので，おつりを間違えることもあります。毎日レジスターの現金を精算してみると，現金の過不足を生じることもあり得ます。こんな時に，担当者が自分の財布を使って調整するのは，不正の元ですので慎まなければなりません。このような場合には，仮勘定として「現金過不足」勘定を使うことになります。原因の究明を行って，なお不明なものは雑支出ないしは雑収入に計上することになります。

（2）　医業未収金

　病院の本業である診療行為等の医療サービスの提供によって生じた債権を医業未収金といい，その内容は入院診療，入院にかかる差額ベッド料である室料差額，外来診療，保健予防活動，受託検査，施設利用料，診断書等の文書料などの診療関係収益を稼得することを原因とするものです。この医業未収金の発生原因以外，例えば外部業者が経営する院内の売店や自動販売機設置に係る賃料のような，いわば病院の本業以外の取引によって生じる債権は未収金として計上されることになり，明確に峻別することになります。

　医業未収金の計上のタイミングですが，医療行為を行った時点になります。外来患者にかかる自己負担分の収益は，当日の請求額によって確定し，その日の内に入金されなければ医業未収金に計上されます。入院患者に対する医業未収金の計上は，病院の請求時期によりますが，年度末では期末日までの診療分までを債権として認識することになります。保険診療債権は，毎月の診療報酬額を翌月の10日までに算定して支払基金等に請求す

ることになりますので，請求債権金額の確定時に前月分の医業未収金として会計処理することになります。医業未収金の認識時点は，診療行為が提供された時点で発生するという発生主義の考え方に従うことになりますので，仮にレセプトが何らかの理由で留保されている場合でも，診療行為はすでに提供されているのですから，債権を認識するのが原則です。

　また，保険診療債権が請求額どおりに入金されるわけではなく，支払基金等によって診療内容に関して査定が行われます。この査定によって保険請求額が減額されることがありますが，その際には当該医業未収金が消滅したとして，

　　（借方）　医 療 収 益　　　×××　　　（借方）　医業未収金　×××
　　　　　（保険等査定減）

と仕訳します。この査定減に対しては，再請求する場面もあり得ますので，その請求時には医業未収金を再度計上することになります。

　査定減ではなく，何らかの理由でレセプトが返戻されることがあります。この場合は，減額されたわけではなく，病名不明等記載内容に不備があったためで，医業未収金は消滅しません。しかし，実務上の処理としては，査定減と同様にいったん医業未収金を減額し，再度請求する際に医業未収金を計上する方法が考えられます。

（3）　未 収 金

　医療活動以外で生じた債権は，

　　未収金その他流動資産に属する債権は，医業活動上生じた債権とその他の債権とに区分して表示しなければならない。（準則第19　2.）

とされており，病院の診療行為に基づく未収債権との峻別が求められてい

ます。

（4） 有 価 証 券

　病院の余裕資金の運用対象としての有価証券投資と，関連会社等への政策的な投資があります。後者の政策的な投資は，余裕資金の一時的な運用とは異なり，長期にわたって有価証券を保有するのですから，ここでいう流動資産たる有価証券には該当しません。

> 　所有有価証券のうち，売買目的有価証券及び 1 年内に満期の到来する有価証券は流動資産に属するものとし，それ以外の有価証券は固定資産に属するものとする。（注解 10　4.）

　有価証券とは，国債，地方債等の債券，株式，投資信託等の金融商品取引法に定める有価物をいいます。有価証券の区分及び評価に関しては，第 2 章 2-2 を参照してください。

（5） 医 薬 品

　病院にとって最も重要なたな卸資産が，診療に欠かせない医薬品になります。医薬品とは，薬機法（旧薬事法）に定められた医薬品をいい，投薬用薬品，注射用薬品，検査用試薬，造影剤，外用薬等を指しています。
　医薬品の評価基準及び評価方法は，

> 　医薬品，診療材料，給食用材料，貯蔵品等のたな卸資産については，原則として，購入代価に引取費用等の付随費用を加算し，これに移動平均法等あらかじめ定めた方法を適用して算定した取得原価をもって貸借対照表価額とする。ただし，時価が取得原価よりも下落した場合には，時価をもって貸借対照表価額としなければならない。（準則第 23）

とされており，通常の取得原価基準となっています。医薬品の購入では，医薬品卸売業者との間でいろいろな方法での値引き交渉が行われるのが常ですが，考え方の原則は患者に投与された医薬品の原価はいくらなのか，また期末で在庫として残った医薬品の価額はいくらなのかを算定することです。技術的難題，計算方法の煩雑さも課題としてありますが，金額の算出に係る手数と，その結果との比較考量になります。つまり，経済的な合理性が前提となり，精密な計算を講じた結果が簡易な計算をしたことと大して相違がない場合には，あえて精密な計算をとる必要はないということです。現実の購入では当初に単価契約を結び，契約期間内の購入数量によって値引きが行われることがあり，期末でのたな卸薬品の単価を値引き後の単価に置き直しますと，結果として損益計算書上の医薬品費が算出され，妥当な数値が表示されることになります。

　医薬品の評価基準は取得原価ですが，期末時に時価が下落した場合には，時価で評価しなければなりません。

　多くの病院では，医薬品の受払のシステム化は進んでおらず，期末棚卸高に最終仕入原価を乗じている例が多いものと考えられます。病院会計準則では，移動平均法等の評価方法の適用を求めていますので，今後電子カルテ，新たなオーダリング・システムの導入に合わせて，医薬品の在庫受払の継続記録を把握できるシステムの導入が求められるところです。

　現実の実務を考えますと，病院で使用する医薬品を金額的に上位から並べて100ないしは200位をとりますと，医薬品全体金額のうちの相当割合を占めていますので，重点的に受払記録を整備することで，評価方法に準拠した結果を把握することが可能になると考えられます。

　薬局における医薬品の有効期限切れ，期中での破損，紛失，レセプトに記録されない投薬，期末での値下がりなどが，受払システムがない状態ですと，結果として医薬品費に計上されることになり，管理会計上大きな課

題となっています。

Reference

　たな卸資産の評価基準等が準則と相違する場合には，「たな卸資産の評価
基準及び評価方法について，病院会計準則と異なる会計処理を行っている場
合には，その旨，採用した評価基準及び評価方法，病院会計準則に定める方
法によった場合と比較した影響額を『比較のための情報』として記載す
る。」（ガイドライン3-7）として，影響額の記載を求めています。

　医薬品のたな卸ですが，どのような単位でたな卸をすべきかが実務上話
題になります。また，病院全体の医薬品在庫を調べるわけですから，大変
な作業になります。製造業等の一般の会社では期末時に操業を一時停止す
る等の措置をして，数量を当たりますが，病院ではそのようなことはでき
ません。診療をたな卸のために止めるわけにはいきませんし，手術室のた
な卸のために手術を止めるわけにはいきませんので，工夫が必要になりま
す。例えば病棟のナース・ステーションに備え置いている薬は定量配置し
ておき，たな卸時には定量に補充しておいて，カウントを省略する方法，
年度末日までは使うことのない医薬品を梱包のままで数日前にカウントす
る方法等を講じて，年度末日に集中しない方法をとるべきでしょう。また，
どの単位までをカウントの対象とするかです。錠剤1錠までなのか，粉薬
1グラムまでなのか。カウントするためにビンから薬剤をトレイの上にあ
けるのは，薬機法上問題が生じますので，それに代替する方法を工夫する
ことになりますし，金額的に僅少な薬剤を詳細にカウントする必要も少な
いように考え，薬ビンの蓋を開けたら消費したとみなす方法も選択肢の1
つです。

（6）　診療材料

　診療材料とは，カテーテル，シリンジ，ギプス粉，レントゲンフィルム，縫合糸等の診療用の消耗品をいいます。最近は注射器（シリンジ）も感染防止のため使い捨てとなっていますので，大量に消費するようになりました。この診療材料の評価基準及び評価方法は，医薬品と同様に準則で定めています。

　近年医薬品と診療材料を含め，購買方法に SPD（Supply Processing and Distribution）方式を採用する病院が増えてきました。たとえますと，「富山の置き薬」方式で，病院で消費した時点で購入を認識する取引です。ですから，常時病院に在庫している医薬品や診療材料は病院のものではなく，医薬品の卸売会社のものになります。この方法ですと，病院の在庫リスクはなくなりますが，この SPD を採用するにはある程度の固定費負担が契約上謳われる例が多く，また，架空仕入れがないように患者への投与による消費量と購入量の突き合わせが必須となりますので，一長一短かも知れません。

（7）　給食用材料

　病院では入院患者の健康状態によって調理された食事が出されます。この食材がたな卸資産になるのです。評価基準及び評価方法は医薬品と同様に定めていますが，食材そのものは生鮮食料品をはじめとして，さほどの在庫量しか持たないのが常で，消費したごとに業者に注文していますし，最近では患者個々のニーズに応じた栄養管理が行き届いた食事を提供する給食センターもあるため，病院内に衛生管理の行き届いた厨房を持たない場合もあり，たな卸資産の中での給食用材料は貸借対照表上で重要性をもたなくなってきています。

（8） 貯 蔵 品

　貯蔵品とは，体温計，シャーレ，患者給食用食器等のように1年以内に消費するもの，聴音器，血圧計，鉗子類のように小額で固定資産の計上基準に満たない機器，半減期が1年未満の医療用放射性同位元素が該当します。たな卸資産ですので，医薬品と同様に評価基準及び評価方法が適用されます。しかし，金額的にも僅少であり，継続記録をとるのも煩雑なため，実務的には購入時に費用処理している例が多いものと思われます。

（9） 前 渡 金

　前渡金とは，たな卸資産や貯蔵品等の購入代金の先払をしたもので，世間一般でいう手付金もこの前渡金と同じものです。購入代金の全部又は一部で，発注した物品の受領によって消滅するものですから，流動資産に計上されます。

　取得までに長期間を要する建物の代金の前渡金は，取得するものが固定資産であるため，建設仮勘定として固定資産に計上します。

（10） 前 払 費 用

　前払費用とは，

　　前払費用は，一定の契約に従い，継続して役務の提供を受ける場合，いまだ提供されていない役務に対し支払われた対価をいう。

　　すなわち，火災保険料，賃借料等について一定期間分を前払した場合に，当期末までに提供されていない役務に対する対価は，時間の経過とともに次期以降の費用となるものであるから，これを当期の損益計算から除去するとともに貸借対照表の資産の部に計上しなければならない。前払費用はかかる役務提供契約以外の契約等による前払金と

は区別しなければならない。（注解21　1.）

という資産です。また，その役務の提供期間の長短によって貸借対照表の計上区分が異なることになります。

　　前払費用については，貸借対照表日の翌日から起算して1年以内に費用となるものは，流動資産に属するものとし，1年を超える期間を経て費用となるものは，固定資産に属するものとする。未収収益は流動資産に属するものとし，未払費用及び前受収益は，流動負債に属するものとする。（注解10　5.）

　前払費用の典型的な例は保険契約です。次期以降を保険の補償期間とする保険料を支払いますと，次期以降の期間に対応する保険料が前払となります。保険の対象物が高額な資産である場合には，保険料も高額になるため，前払を認識することになりますが，実務上は少額な保険料までも期間按分して計上するのは重要性からして少ないように思います。

（11）　未 収 収 益

　未収収益とは，

　　未収収益は，一定の契約に従い，継続して役務の提供を行う場合，すでに提供した役務に対して，いまだその対価の支払いを受けていないものをいう。
　　すなわち，受取利息，賃貸料等について，債権としてはまだ確定していないが，当期末までにすでに提供した役務に対する対価は，時間の経過に伴いすでに当期の収益として発生しているものであるから，これを当期の損益計算に計上するとともに貸借対照表の資産の部に計

上しなければならない。また，未収収益はかかる役務提供契約以外の
契約等による未収金とは区別しなければならない。（注解21　4.）

とされています。契約に基づいて継続して医師を派遣している場合，すで
に経過した期間に対する未収額は，この未収収益に計上することになり，
流動資産に計上することになります。

(12)　短期貸付金

　短期貸付金とは，金銭消費貸借契約によって金銭を貸し付けたことによ
る債権をいい，準則では役員及び従業員に対するものと，同じ開設主体間
への貸付金とは，貸借対照表の表示上区別することになっています。

　このような貸付金は，病院が採用を予定している看護学校や医療技術に
係る学校の生徒への奨学貸付や，病院への支援業務を行うメディカルサー
ビス法人等への貸付が考えられます。

(13)　役員従業員短期貸付金

　役員，従業員に対する貸付金のうち，貸借対照表日より1年以内に回収
期限が到来するものをこの貸付金として表示することになります。病院内
部者に対する貸付金の明示が求められており，

　債権のうち役員等内部の者に対するものと，他会計に対するものは，
特別の科目を設けて区別して表示し，又は注記の方法によりその内容
を明瞭に表示しなければならない。（準則第19　2.(3)）

貸借対照表上での区分表示に代えて，注記によって表示することも許容さ
れています。

（14） 他会計短期貸付金

　病院会計準則が施設会計であって，開設主体である組織が本部ないしは他の医療機関を有することがあります。その組織内の会計単位間での金銭の貸付で，貸借対照表日より1年以内に回収期限が到来するものを示すのが，この貸付金になります。病院にとって，開設主体内の本部又は経営を一にする他の病院等への貸付金は，開設主体以外の第三者に対する貸付金とは性格が異なるものであり，法人内の貸借関係を示しているのがこの短期貸付金になります。いわば開設主体全体の資金繰り状況の一部が個別病院の貸借対照表に計上されることになります。

　このことに関して，「研究報告第12号」において次のように説明しています。

---

3. 施設間取引の取扱い

（2）　施設間取引の類型と会計処理

①　施設間の貸借勘定を用いて会計処理するもの

　施設間での取引を行う場合，取引の相手方の施設に対する債権債務を集約する勘定として施設勘定（施設名を称した勘定科目）を資産ないしは負債に計上して会計処理を行うことができる。この会計処理を採用する場合には，最終的に各施設間で債権債務の精算が行われることが前提となる。その施設勘定を用いる施設間取引としては精算を前提として各施設の収益・費用に対応するもののほか，資金の短期的な融通や，費用の肩代わり処理に伴うものが含まれる。

　この施設勘定は，その機能として各施設間の取引残高の照会を可能とし，各施設に計上される施設勘定は対応するそれぞれの施設ごとに金額が合致する。したがって，開設主体全体の財務諸表を作成する場合には，それぞれの施設勘定は相殺消去されることになるが，

各施設単位でみた場合には，精算がなされない限り期末時点において
も計上されることとなる。

② 入金又は貸付金として取り扱うもの

借入金の使途については，約定時点で明確になっているのが通常
であるため，資金調達の管理を本部で一括して取り扱っている場合
であっても，特定の施設等に関する建築資金のように，その帰属が
明確なものは，各病院等の財務諸表に計上しなければならない。し
たがって，各施設の財務諸表において，他会計からの借入金又は他
会計への貸付金として会計処理をするものは，施設間（本部を含
む。）での明確な約定（目的，返済期限，返済方法，金利等）があ
るものに限定されることになる。（日本公認会計士協会　非営利法
人委員会研究報告第12号）

また，役員従業員短期貸付金同様，注記の方法によることも許容されて
います。

(15)　その他の流動資産

前期の流動資産に該当しないその他の流動資産を表示する科目で，「立
替金，仮払金など前掲の科目に属さない債権等であって，1年以内に回収
可能なもの。ただし，金額の大きいものについては独立の勘定科目を設け
て処理することが望ましい。」（別表　勘定科目の説明）とされています。
つまり特定の勘定科目には属さない流動資産が集められている科目になり
ます。上記の説明にありますように，金額の大きなものはこの「その他の
流動資産」から，その資産の内容を示す勘定科目で貸借対照表に計上する
ことが明瞭性の要請から求められています。

（16）　貸倒引当金

　病院が有する医業未収金，未収金，短期貸付金等の債権に対して，回収不能見積額を引当計上することになります。

> 1.　医業未収金，未収金，貸付金等その他債権の貸借対照表価額は，債権金額又は取得原価から貸倒引当金を控除した金額とする。なお，貸倒引当金は，資産の控除項目として貸借対照表に計上するものとする。
>
> 2.　貸倒引当金は，債務者の財政状態及び経営成績等に応じて，合理的な基準により算定した見積高をもって計上しなければならない。
>
> （準則第 24）

　この具体的な計上額の算定に関しては，第 2 章の 2-2 に記載してあります「金融商品会計基準」に従って計上することになります。

4-5　固定資産

（1）　固定資産の意義

　固定資産とは，営業循環期間又は1年を超える期間にわたり事業の用に供されるもので，物理的に使用される資産，投資回収される資産，そして費用化される資産が含まれる総称です。固定資産には，次のものが該当します。

> 　固定資産は，有形固定資産，無形固定資産及びその他の資産に区分しなければならない。
>
> 　建物，構築物，医療用器械備品，その他の器械備品，車両及び船舶，放射性同位元素，その他の有形固定資産，土地，建設仮勘定等は，有形固定資産に属するものとする。
>
> 　借地権，ソフトウェア等は，無形固定資産に属するものとする。
>
> 　流動資産に属さない有価証券，長期貸付金並びに有形固定資産及び無形固定資産に属するもの以外の長期資産は，その他の資産に属するものとする。（準則第19　2.(2)）

（2）　有形固定資産

　有形固定資産とは，その名のとおり物理的なものが存在し，その使用によって便益を受けることができるものです。特に貸借対照表に計上する有形固定資産は，1年以上病院の事業の用に供されることを目的として所有され，かつ資産計上基準に定める一定金額以上のものをいいます。

　有形固定資産の評価に関しては，

> 1. 有形固定資産については，その取得原価から減価償却累計額を控除した価額をもって貸借対照表価額とする。有形固定資産の取得原価には，原則として当該資産の引取費用等の付随費用を含める。
> 2. 現物出資として受け入れた固定資産については，現物出資によって増加した純資産の金額を取得原価とする。
> 3. 償却済の有形固定資産は，除却されるまで残存価額又は備忘価額で記載する。(準則第25)

としています。

① **建　　物**

　　診療棟，病棟，管理棟，職員宿舎などの建物と，その建物に付随する電気，給排水，空調，冷暖房，昇降機等がこの建物になります。

② **構　築　物**

　　貯水池，門，塀，舗装道路，緑化施設などの建物以外の工作物及び土木設備であって土地に定着したものをいいます。

③ **医療用器械備品**

　　治療，検査，看護など医療用の器械，器具，備品等をいいます。特にこの医療用器械で注意しなければならないのは，ファイナンス・リースによって使用しているものにはリース会計が適用されて，リース契約によって賃借している器械備品等が資産に計上されます（2-1「リース会計」参照してください）。

④ **その他の器械備品**

　　医療用器械備品に該当しない器械備品のことで，事務器械等が該当します。

⑤ **車両及び船舶**

　　病院特有の救急車，検診車，巡回用自動車，そして乗用車，船舶な

どが該当します。

⑥ 放射性同位元素

診療用の放射線同位元素で，テクネチウムなどがあり，放射線量の半減期が1年超のものをいいますが，実際の診療では照射時間の短縮のために半減期前に交換している例があります。

⑦ その他の有形固定資産

立木，竹などの生物で1年を超えて生育するものなど，前掲の科目に属さない資産をいいますが，金額的に重要なものは独立した勘定科目で表示します。

⑧ 土　　地

病院の事業活動に使用されている土地をいいます。この土地の取得に補助金を用いた場合には，病院の財産的な基礎となったとして当該補助金を純資産の部に計上します（詳細は4-8を参照してください）。

⑨ 建設仮勘定

建物等の有形固定資産の建設，拡張，改造などの工事が完了し稼働するまでに発生する請負前渡金，建設用資材部品の買入れ代金などを計上することになります。ただ，病院の特殊性として，診療棟や入院棟を建て替える際には，患者がいる以上，診療行為を停止又は質の低下を来す訳にはいきません。一般企業のように一時的に簡易な代替施設で凌ぐのは難しいでしょう。新たな施設が完成するまで，仮設棟によって対応することになりますが，この仮設棟を固定資産として長期にわたって使用することを想定しておりませんので，資産計上と耐用年数には注意をしなければなりません。

⑩ 減価償却累計額

土地及び事業の用に未だ供していない建設仮勘定を除き，その使用によって費用化するための計算方法として減価償却費を計上します。

その減価償却費の累計額をそれぞれの資産価額より控除して表示することになります。

（3） 無形固定資産

　無形固定資産とは，その字のごとく形のないもので，法律上の権利や使用権，経済的な優先度を示しています。

　無形固定資産については，当該資産の取得原価から減価償却累計額を控除した未償却残高を貸借対照表価額とする。（準則第26）
---

① 借 地 権

　　借地権とは借地借家法に定める権利であって，地上権，賃借権などで，土地の所有者との契約によってその使用が認められるものです。この借地権取得のためには，土地の更地価額の50%強の金額を払う例が多く，貸借対照表でも重要な勘定科目になります。

② ソフトウェア

　　最近導入されている先端技術を用いた医療器械の多くはコンピュータにより操作しています。このコンピュータを操作しているのがプログラムであり，広くソフトウェアと呼ばれています。このソフトウェアの会計処理に関しては，準則の改訂によって適用されることとなった研究開発費会計に従って処理することになります。

---
1. 当該病院が開発し販売するソフトウェアの制作費のうち、研究開発が終了する時点までの原価は期間費用としなければならない。

2. 当該病院が開発し利用するソフトウェアについては，適正な原価を計上した上，その制作費を無形固定資産として計上しなければならない。
---

3. 医療用器械備品等に組み込まれているソフトウェアの取得に要した費用については，当該医療用器械備品等の取得原価に含める。
（注解 11）

 Reference

　ソフトウェアの会計処理が準則と相違している場合には，「病院が利用する目的で購入するソフトウエア（継続的な利用によって業務を効率的又は効果的に行うことによる費用削減が明確な場合の制作ソフトウエアを含む）は，無形固定資産に計上し，減価償却手続によって，各期の費用に計上しなければならないが，資産計上を行わない会計処理を採用している場合には，その旨，会計処理方法，病院会計準則に定める方法によった場合と比較した影響額を『比較のための情報』として記載する。」（ガイドライン 3-8）ことを求められています。

③　その他の無形固定資産

　その他の無形固定資産としては，温泉の給湯権，特許権，工業所有権，商標権等があります。その他に電話加入権が挙げられますが，携帯電話が普及して以降電話加入権に関しては，総務省等で議論があり，NTT のホームページには「NTT が電話加入権の財産的価値を保証しているものではありません……」と記載されています。また国税庁のホームページには，平成 30 年分の電話加入権の評価として，標準価額 1,500 円（適用地域：東京）としています。電電公社の時代から電話を引くために相当の負担を求められ，場合によっては取引業者から高価額で取得した例も散見されましたが，既に経済的な価値は前記の

ように低下していますので，減損処理が必要となります。

（4）　その他の資産

有形固定資産や無形固定資産に属さない長期資産をいいます。

①　有 価 証 券

有価証券に関しては，準則の改定によって新たな会計処理が求められるようになりました。詳細は第2章の2-2に記載してありますが，貸借対照表の固定資産の部に表示される有価証券は，国債，地方債，株式，社債，証券投資信託の受益証券などのうち満期保有目的の債券，その他有価証券及び市場価格のない有価証券が該当します。

有価証券の評価についても第2章2-2を参照してください。

②　長期貸付金

金銭消費貸借契約等に基づき開設主体の外部に対する貸付取引のうち，当初の契約において1年を超えて受取期限の到来するものをいいます。

③ 役員従業員長期貸付金

役員，従業員に対する貸付金のうち当初の契約において1年を超えて回収期限が到来するものをいいます。短期貸付金と同様に独立科目での表示が求められています。

④ 他会計長期貸付金

他会計，本部などに対する貸付金のうち当初の契約において1年を超えて受取期限の到来するものです。他会計に対する貸付金の意義については前記の4-4(14)を参照してください。

⑤ 長期前払費用

時の経過に依存する継続的な役務の享受取引に対する前払分で1年を超えて費用化される未経過分の金額をいい，前払費用で示してあります定義に該当するものを指します。

⑥ その他の固定資産

関係団体に対する出資金，差入敷金，差入保証金など前掲の科目に属さないものをいいます。ただし，金額的に重要なものは独立した勘定科目で表示することになります。

⑦ 貸倒引当金

病院が有する長期貸付金などの金銭債権に対しても，取立不能見込額を貸倒引当金として計上することになります。特に患者の診療に係る自己負担額の長期未収分は，その回収が極めて難しくなるのが常で，相当額が回収不能になります。原因は患者の支払能力の喪失や失踪，死亡等で，長期に滞留している金銭債権の評価は慎重に判断する必要があります。既に経済的価値を喪失した資産を計上する訳にはいかないからです。詳細は2-2(5)を参照してください。

4-6 負債の評価

貸借対照表に計上される負債の評価では，

> 貸借対照表に記載する負債の価額は，原則として，過去の収入額又は合理的な将来の支出見込額を基礎として計上しなければならない。
> (準則第27)

とされており，借入金等の過去の収入額と合理的な根拠によって計算した将来の支出見込額を計上することになります。もし，その計上額の原取引が外貨額である場合の評価方法は，

> 1. 外貨建資産及び負債については，原則として，決算時の為替相場による円換算額をもって貸借対照表価額とする。
> 2. 重要な資産又は負債が外貨建であるときは，その旨を注記しなければならない。(注解16)

というように，外貨の為替換算額を用いることになります。病院にとって外貨建ての負債が考えられるのは，海外からの高額な医療機器の取得があります。しかし，前にも記載しましたように，この外貨換算が適用されるのは，病院が外貨によって代金を決済する場合で，多くは商社を通じて取得しているので，為替相場の変動による為替リスクを病院が負担する例は少ないと考えられます。

4-7 流 動 負 債

　流動負債とは，

> 　経常的な活動によって生じた買掛金，支払手形等の債務及びその他
> 期限が１年以内に到来する債務は，流動負債に属するものとする。
> (準則19　3.(1))

としており，病院本来の運営によって生じたもの及び１年以内の返済期限
が到来するものをいいます。

（1）　買　掛　金

　買掛金は，医薬品，診療材料，給食用材料など棚卸資産を購入すること
によって生じる債務です。

> 　買掛金，支払手形その他流動負債に属する債務は，医業活動から生
> じた債務とその他の債務とに区別して表示しなければならない。（準
> 則第19　3.(1)）

> 　買掛金，支払手形，その他金銭債務の貸借対照表価額は，契約に基
> づく将来の支出額とする。（準則第27　1.）

（2）　支 払 手 形

　支払手形は，買掛金の支払方法の１つとして手形を振り出して，その決
済期日に指定した金融機関の当座預金口座からの決済によって代金を支払

うことを約するものです。

　ただし，手形の書類形式はとっていても，借入金の方法として手形借入れによるもの，医療器械の購入代金の支払として振り出した手形は，ここでいう支払手形には該当しません。手形借入による場合は短期借入金として，器械の購入であれば設備支払手形等の表示が求められます。

（3）　未　払　金

　未払金は，器械，備品などの購入によって生じた債務及び，買掛金の対象とならない医業費用の発生による債務をいいます。

（4）　短期借入金

　病院外部の金融機関等，例えば日本政策金融公庫，独立行政法人福祉医療機構，市中金融機関等からの借入金で，当初の借入契約において返済期限が１年以内のものをいいます。病院会計準則の改定によって，借入先により区分表示することになったため，後述の役員従業員短期借入金，他会計短期借入金が貸借対照表に表示されることになりました。

（5）　役員従業員短期借入金

　役員従業員短期借入金の表示は，

> 　債務のうち，役員等内部の者に対するものと，他会計に対するものは，特別の科目を設けて区別して表示し，又は注記の方法によりその内容を明瞭に表示しなければならない。（準則第19　3.(3)）

によって求められており，病院内部の金銭の貸し借りを明らかにするものです。

（6） 他会計短期借入金

　病院はその経営主体である法人又は個人によって設置されています。病院の開設主体であるその法人又は個人が，本部会計又はその病院とは別会計となっている施設等を開設していることは当然ありえます。病院が運営のための資金調達方法として，外部の金融機関より調達することに代えて，同一開設主体の中の別会計から資金を借り入れた場合，そのことを貸借対照表に表示することを求めているのです。

　この他会計短期借入金は金融機関からの借入契約と同様の明確な契約によるものとしており，単に一時的な資金融通によるものは，各施設の貸借対照表では，簿記の「本支店会計」に類似した処理が行われ，開設主体の財務諸表では，施設間の貸借は相殺され表示されなくなります。他会計との貸借取引に関しては，流動資産の他会計短期貸付金を参照してください。

（7） 未 払 費 用

　未払費用とは，

　未払費用は，一定の契約に従い，継続して役務の提供を受ける場合，すでに提供された役務に対して，いまだその対価の支払いが終わらないものをいう。

　すなわち，支払利息，賃借料，賞与等について，債務としてはまだ確定していないが当期末までにすでに提供された役務に対する対価は，時間の経過に伴いすでに当期の費用として発生しているものであるから，これを当期の損益計算に計上するとともに貸借対照表の負債の部に計上しなければならない。また，未払費用はかかる役務提供契約以外の契約等による未払金とは区別しなければならない。（注解21 3.）

とされています。

（8） 前 受 金

　前受金とは，医業収益の前受額，その他これに類する前受額とされ，前受収益とは峻別することが求められています。

（9） 預 り 金

　預り金とは，患者等から一時的に金銭を預かった場合に計上する科目になります。従来は入院の際に事前に入院保証金の名目で預かる例がありましたが，この事前徴収は監督官庁の指導によって自粛されており，患者自らが入院時の金銭管理を依頼した場合などが考えられます。長期に入院を要する精神科等の患者又はその家族から，入院時の緒費用を賄うための資金を預かっている例を見ますが，患者毎の収支台帳を作成してその残高を預り金に計上することになります。

（10） 従業員預り金

　従業員預り金は，源泉徴収税額及び社会保険料などの徴収額が計上され，又，従業員からの一時的な団体生命保険掛け金等の預り金も含まれます。

（11） 前 受 収 益

　前受収益とは，受取利息，賃貸料などのように時間の経過に依存する継続的な役務提供取引に対する前受分で，

　　前受収益は，一定の契約に従い，継続して役務の提供を行う場合，いまだ提供していない役務に対し支払いを受けた対価をいう。
　　すなわち，受取利息，賃貸料等について一定期間分を予め前受した

場合に，当期末までに提供していない役務に対する対価は時間の経過とともに次期以降の収益となるものであるから，これを当期の損益計算から除去するとともに貸借対照表の負債の部に計上しなければならない。前受収益はかかる役務提供契約以外の契約等による前受金とは区別しなければならない。（注解21　2.）

とされています。

（12）　賞与引当金

引当金の計上に関しては，

将来の特定の費用又は損失であって，その発生が当期以前の事象に起因し，発生の可能性が高く，かつ，その金額を合理的に見積ることができる場合には，当期の負担に属する金額を当期の費用又は損失として引当金に繰入れ，当該引当金の残高を貸借対照表の負債の部又は資産の部に記載するものとする。（注解13）

としており，発生主義に基づいて計上することになります。

賞与引当金は，従業員の労務債務である賞与に関して，支給対象期間に基づき定期的に支給する従業員賞与に係る引当金です。

引当金のうち，賞与引当金のように，通常1年以内に使用される見込みのものは，流動負債に属するものとする。（準則第19　3.(1)）

年度末に計上した賞与引当金は，翌年度の最初に支給する賞与の財源として，取り崩すことになりますので，流動負債に表示されます。

Reference

　引当金を計上していない場合には,「病院会計準則における引当金の設定
要件を満たしながら,当該事象において引当金を計上していない場合には,
その旨,会計処理方法,病院会計準則に定める方法によった場合と比較した
影響額を『比較のための情報』として記載する。病院会計準則の引当金の定
義に該当しない引当金を計上している場合も同様とする。」(ガイドライン3
−11) とされています。

(13)　その他の流動負債

　仮受金等の前述の科目に属さない債務等であって,1年以内に期限が到
来するものをこの勘定科目で表示することになります。ただし,金額的に
大きなものについては,別途独立した勘定科目によって表示することが求
められます。

4-8　固定負債

　固定負債について,

　長期借入金, その他経常的な活動以外の原因から生じた支払手形,
未払金のうち, 期間が1年を超えるものは, 固定負債に属するものと
する。(準則第19　3.(2))

としており, 長期借入金と非経常的な取引によって生じた債務で, 決済期
限が1年を超えるものになります。

（1）　長期借入金

　病院外部の金融機関等, 例えば日本政策金融公庫, 独立行政法人福祉医
療機構, 市中金融機関等からの借入金で, 当初の借入契約において返済期
限が1年を超えるものをいいます。

（2）　役員従業員長期借入金

　短期借入金と同様, 独立表示されることになります。

（3）　他会計長期借入金

　従来長期借入金として計上されていましたが, 同一開設主体内の当該借
入取引の残高を独立表示することになりました。詳細は, 他会計短期貸付
金を参照してください。

（4）　長期未払金

　器械，備品等の償却資産の購入等による未払債権で，支払期間が1年を超えるものを計上します。準則の改定によって新たに適用されることになったリース会計により，計上される未払リース料で支払期限が1年を超えるものは，この長期未払金となります。

（5）　退職給付引当金

　退職給付引当金は，準則の改定によって新たに適用される基準です。その計上区分は，多くの退職金が1年超過後に支給されるものであるため固定負債に計上することになります。

> 　引当金のうち，退職給付引当金のように，通常1年を超えて使用される見込みのものは，固定負債に属するものとする。（準則第19　3. (2)）

　この退職給付引当金は，準則の改定によって新たに導入された退職給付会計が適用されます。その詳細は第2章の2-3を参照してください。

（6）　長期前受補助金

　従来，病院の運営費や研究費に充てられる補助金は特別利益に計上し，資産取得のための補助金は資本剰余金に計上するか税務上の処理である圧縮記帳を行ってきました。今回の準則の改定で，交付された補助金はその交付目的による義務を負うものとして負債に計上し，その目的を遂行することで負債を取り崩す方法をとることになりました。長期前受補助金は，償却資産の設備の取得に対して交付された補助金であり，取得した償却資産の毎期の減価償却費に対応する部分を取り崩した後の未償却残高対応額になります。

> 　補助金については，非償却資産の取得に充てられるものを除き，これを負債の部に記載し，補助金の対象とされた業務の進行に応じて収益に計上しなければならない。設備の取得に対して補助金が交付された場合は，当該設備の耐用年数にわたってこれを配分するものとする。
> 　なお，非償却資産の取得に充てられた補助金については，これを純資産の部に記載するものとする。（準則第19　3.（4））

この長期前受補助金の収益化に関しては，

> 　補助金については，非償却資産の取得に充てられるものを除き，これを負債の部に記載し，業務の進行に応じて収益に計上する。収益化を行った補助金は，医業外収益の区分に記載する。（注解15）

となります。

Reference

準則に定める補助金に係る会計処理を採っていない場合は，「補助金の会計処理について，病院会計準則と異なる会計処理を行っている場合には，その旨，採用した会計処理方法，病院会計準則に定める方法によった場合と比較した影響額を『比較のための情報』として記載する。」（ガイドライン3-5）とします。

（7） その他の固定負債

　前掲の科目に属さない債務等であって，長期預り敷金や保証金のように，期間が1年を超えるものをその他の固定負債とします。ただし，金額が大きい場合には重要性から独立した勘定科目で表示します。

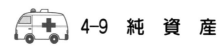

4-9　純　資　産

（1） 純資産の意義

　従来資本の部として表示していた箇所が，今回の改定によって「純資産の部」となりました。これは，病院会計が施設会計であり，開設主体の資本勘定を示すものではないため，純資産という表現になりました。

　非営利を前提とする病院施設の会計においては，資産，負債差額を資本としてではなく，純資産と定義することが適切である。

資産と負債の差額である純資産は，損益計算の結果以外の原因でも増減する。病院は施設会計であるため貸借対照表における純資産の分類は，開設主体の会計の基準，課税上の位置づけによって異なることになり，統一的な取り扱いをすることはできない。したがって，開設主体の会計基準の適用にあたっては，必要に応じて勘定科目を分類整理することになる。ただし，当期純利益又は当期純損失を内書し損益計算書とのつながりを明示しなければならない。(注解 9)

（2）　施設間の取引

　病院会計準則が施設会計であることから，同一の開設主体の下で設置されている病院等の施設間の取引の会計処理に関して，「日本公認会計士協会　非営利法人委員会研究報告第 12 号」で解説しています。

　施設間取引を 4 つの類型に分け，①施設間の貸借勘定を用いるもの，②金銭の貸借とするもの，③損益取引とするもの，④純資産の増減とするものです。①の取引は②の取引と精算を前提としている点で類似しますが，②の金銭貸借取引が，目的，返済条件，期限，返済方法，金利等の条件が明確になっているものをいうのに対して，①の取引は説明を付した貸借勘定を設けて処理することになります。簿記の処理方法の本支店会計が該当します。③の損益取引は検査委託のように，お互いの会計処理で収益・費用を認識するものです。このいずれにも属さない取引として④の純資産の増減取引が挙げられます。施設間取引ではありますが，精算を前提としないもので，資金の移動や損益取引であったもので精算を前提としない取引が該当します。

（3）　純資産の表示

　従来は，資本の部を出資金，資本剰余金，利益剰余金として区分表示をしていましたが，個々の医療施設では利益処分を予定していませんし，資本の部の詳細な区分も必要としませんので，純資産にまとめて表示することになりました。ただ，損益計算書との関連を明らかにするため，当期純利益又は当期純損失を内書きで表示することになります。また，純資産の内訳は開設主体に適用される会計基準に応じて任意に区分することを前提としているので，実務的な開示も認められます。

 Reference

　この純資産と負債の区分に関して，「開設主体の会計基準により，病院会計準則で負債に該当するものを純資産の部に計上している場合には，その旨，内容及び金額を『比較のための情報』として記載する。」（ガイドライン3-4）とし，開設主体の違いによる比較可能性を確保しています。

（4）　有価証券評価差額

　企業会計で導入されています「金融商品会計基準」の適用によって，その他有価証券を時価評価した際に生じる評価差額は，この純資産の部に計上されることになります。有価証券を保有することによって，従来表に出てこなかった含み損益が，新しい会計基準の適用によって毎年度の年度末日の時価によって再評価され，その損益が損益計算書に計上されるのではなく，貸借対照表の純資産の部に計上されることになります。この有価証券に係る会計処理の詳細については第2章の2-2を参照してください。

　つまり，資産に計上されているその他有価証券の時価が上って含み益が

出た場合にはその有価証券を時価評価し，増加分を純資産の部にプラスの評価差額として計上するのです。貸借対照表で資産と純資産が同額増えるのです。含み損が生じた場合には反対に資産を減額して，純資産の部にマイナスの評価差額を計上するのです。

個々の病院は、儲かったら配当するわけではないので、資本金を純資産に代えているのです!!!

第5章
損益計算書

　財務諸表を構成する片方の車輪がこの損益計算書です。英語でいいますと，Profit and Loss Statement で，利益と費用・損失を表示する計算書になり，まず利益が前に来ています。

　会計を個人の家計と考えてみますと，月の収入と日々の買い物を記録する家計簿の収入と支出の集計が損益計算書になります。つまり，家計の運営状況を損益計算書によって表すことができるのです。病院も外来患者や入院患者から収入を得て，医師や職員の給料，医薬品代，医療器械の維持費などを賄っており，当然のことながら赤字では病院を維持できません。病院が健全な経営を維持し，良質な医療サービスを提供していくために，この損益計算書は必須な計算書類なのです。

5-1　損益計算書の目的と表示

（1）　損益計算書の作成目的

　損益計算書は，その事業の一定期間の運営状況を把握するために，稼得した収益とその稼得に要した費用を一覧性をもたせてまとめたものです。つまり，損益計算書の作成目的を，

> 　損益計算書は，病院の運営状況を明らかにするために，一会計期間に属するすべての収益とこれに対応するすべての費用とを記載して当期純利益を表示しなければならない。（準則第28）

としているのです。

（2）　損益計算書の区分表示

　損益計算書は，単に収益と費用を羅列したものではなく，病院の諸活動を関連づけて表示するものです。当然損益計算書の読者に，病院の運営状況がわかり，その効率化の方策を立てるための情報やヒントを提供できるものでなければなりません。そのために，収益と費用を整理して，その対応関係を明らかにするように，区分して表示されます。

> 　損益計算書には，医業損益計算，経常損益計算及び純損益計算の区分を設けなければならない。
> 1.　医業損益計算の区分は，医業活動から生ずる費用及び収益を記載して，医業利益を計算する。
> 2.　経常損益計算の区分は，医業損益計算の結果を受けて，受取利息，

有価証券売却益，運営費補助金収益，施設設備補助金収益，患者外給食収益，支払利息，有価証券売却損，患者外給食用材料費，診療費減免額等，医業活動以外の原因から生ずる収益及び費用であって経常的に発生するものを記載し，経常利益を計算する。

3. 純損益計算の区分は，経常損益計算の結果を受けて，固定資産売却損益，災害損失等の臨時損益を記載し，当期純利益を計算する。

（準則第31）

準則で定めている区分の考え方は，損益計算書を病院の本業の損益を示す医業損益計算，病院を維持して継続的な事業を行うために要する収益と費用を示す経常損益計算，病院を舞台にして発生している上記以外の事実のすべてを損益計算書に反映するための純損益計算と，3つの区分を設けて表示するのです。

医業損益計算の区分は，病院の診療活動による収益と，診療を行うために要した費用を対応させて表示し，その残余を医業利益としています。企業会計でいいますと営業利益に相当します。この医業収益には，医師の診断と医薬品の投与などが混在していますが，これらの個々の収益と要する費用の対応関係を個別に区分することなく，一体の診療行為としてとらえています。また，病院とは別の開設主体での本部費等の費用負担額も医業費用に含めて表示しています。この本部費に関しては第7章の7-10「本部費明細表」で説明していますが，医療を提供するために開設主体で負担している費用で，開設主体である本部から各病院等に負担額の配分をしているものです。

医業において，診療，看護サービス等の提供と医薬品，診療材料等の提供は，ともに病院の医業サービスを提供するものとして一体的に

認識する。このため，材料費，給与費，設備関係費，経費等は医業収益に直接的に対応する医業費用として，これを医業収益から控除し，さらに本部会計を設置している場合には，本部費配賦額を控除して医業利益を表示する。(注解20)

　経常損益計算の区分では，医業損益計算の結果である医業利益（損失）を受けて，医業外収益と医業外費用を加減して経常利益を示します。

　純損益計算区分は，経常損益計算の結果を受けて，これに臨時収益と臨時費用を加減して税引前当期純利益を算定し，これより開設主体の形態によって課税される法人税額等で，病院が負担すべき法人税，住民税及び事業税負担額を控除して当期純利益を示すことになります。

 Reference

　もし，準則の様式と異なる区分による場合には，「損益計算書の区分について，病院会計準則と異なる様式を採用している場合には，その旨，病院会計準則に定める区分との対応関係について，『比較のための情報』として記載する。」（ガイドライン4-3）とされています。

（3）　収益と費用の定義
①　収益の定義
　収益とは，組織の外部に提供した財貨又は役務の対価として受け取った経済的な価値であり，それを貨幣額で示したものです。病院における収益に関しては，

収益とは，施設としての病院における医業サービスの提供，医業サービスの提供に伴う財貨の引渡し等の病院の業務に関連して資産の増加又は負債の減少をもたらす経済的便益の増加である。(準則第 29)

としており，この準則が施設会計である点をまず述べ，病院の診療行為とそれに関連するサービスの提供によって，資産の増加又は負債の減少をもたらすものを収益としているのです。

　具体的な内容は，後述の 5-3 に譲ることにします。

②　費用の定義

　費用とは，財貨又は役務が費消されて，その後の活動にはもはや貢献しなくなった部分を貨幣額で示したものです。病院における費用に関しては，

　費用とは，施設としての病院における医業サービスの提供，医業サービスの提供に伴う財貨の引渡し等の病院の業務に関連して資産の減少又は負債の増加をもたらす経済的便益の減少である。(準則第 30)

としており，病院の診療行為と病院の維持運営業務に伴って発生する資産の減少又は負債の増加をもたらすものを費用としているのです。具体的な勘定科目については，後述の 5-4 に譲ることにします。

Reference

　また，費用の範囲が異なる場合には，「病院会計準則の費用の定義に該当するもので，損益計算書に計上されていないものがある場合には，その旨及び損益計算書に与える影響額を『比較のための情報』として記載する。病院会計準則の費用の定義に該当しないもので，損益計算書に計上されているものがある場合も同様とする。」（ガイドライン4-1）としています。

③　資本取引

　会計上資本取引とされるものは，収益・費用を構成しません。病院会計は施設会計であり，別途開設主体の存在が想定されている会計基準ですので，この資本取引に関しても次のように示しています。

　収益または費用に含まれない資本取引には，開設主体外部又は同一開設主体の他の施設からの資金等の授受のうち負債の増加又は減少を伴わない取引，その他有価証券の評価替え等が含まれる。（注解19）

　病院では損益取引以外に純資産が増減する取引が想定されており，そのような取引を資本取引に含めて，損益計算に算入しないように手当をしています。

Reference

　また内部取引に関しては、「同一開設主体の他の施設からの資金等の授受について、病院会計準則の費用又は収益の定義に該当しないものを損益計算書に計上している場合には、内容及び金額並びに病院会計準則に定める方法によった場合と比較した影響額を『比較のための情報』として記載する。」（ガイドライン 4-2）としています。

 ## 5-2　損益計算書の計上に係る原則

（1）　発生主義の原則

　収益・費用の基本的な認識基準には、現金主義と発生主義とがあります。診療報酬を考えて見ますと、医師が診療行為を行った後に診療代金を受け取った時点で収益を認識するのが現金主義による考え方であり、診療を行った時点で現金の収受如何にかかわらず、診療債権（請求権）が生じた時点で診療報酬額を認識するのが発生主義による考え方になります。また、医薬品費の計上では、その代金を支払った時点で医薬品費を認識するのが現金主義による考え方であり、患者に投与した時点で医薬品費を認識するのが発生主義による考え方です。

　すべての費用及び収益は、その支出及び収入に基づいて計上し、その発生した期間に正しく割当てられるように処理しなければならない。

ただし，未実現収益は原則として，当期の損益計算に計上してはならない。

　前払費用及び前受収益は，これを当期の損益計算から除去し，未払費用及び未収収益は，当期の損益計算に計上しなければならない。
(準則第32)

　このように収益及び費用は発生主義によって認識することになります。薬剤部から病棟へ薬品が払い出されただけでは，患者に投与されてはいませんので，医薬品費や診療収益は計上されません。

（2）　総額主義の原則

　病院が行う診療行為の全体像を的確に示すために，費用及び収益は相殺せずに，総額で表示することを求めています。

　費用及び収益は，原則として，各収益項目とそれに関連する費用項目とを総額によって対応表示しなければならない。費用の項目と収益の項目とを直接に相殺することによってその全部又は一部を損益計算書から除去してはならない。(準則第33)

　この総額表示によって，当該病院が行っている診療行為の規模が数値によって示されることになります。

（3）　費用収益対応の原則

　損益の計算においては，一会計期間の収益を認識し，それを稼得するために費消された費用を対応させる，費用収益の対応関係を明らかにすることを求めています。つまり，医業収益に対する医業費用は直接的な対応関係から，受取利息や支払利息は間接的な期間の対応関係によって表示して

いるのです。

> 費用及び収益は，その発生源泉に従って明瞭に分類し，各収益項目とそれに関連する費用項目とを損益計算書に対応表示しなければならない。（準則第34）

この費用収益を対応させた表示によって，医業行為による損益，医業外収益を含んだ病院の経常損益，そして臨時損益を含む病院に帰するべき純損益を表示することができるのです。

> **医業収益⇔医業費用**
> **医業外収益⇔医業外費用**
> **臨時収益⇔臨時費用**

 ## 5-3 医 業 収 益

病院の本業である医業収益は，損益計算書の冒頭に記載されます。これは一般事業会社でも同様で，最初に記載するのは売上高で，その会社の本業による収益額を開示することで，その会社の業容を明らかにしています。病院の本業である診療行為をその内容別に損益計算書に記載することになります。

> 医業損益計算は，一会計期間に属する入院診療収益，室料差額収益，外来診療収益等の医業収益から，材料費，給与費，経費等の医業費用

を控除して医業利益を表示する。

1. 医業収益は，入院診療収益，室料差額収益，外来診療収益，保健予防活動収益，受託検査・施設利用収益及びその他の医業収益等に区分して表示する。

3. 医業収益は，実現主義の原則に従い，医業サービスの提供によって実現したものに限る。（準則第 35）

医業収益には，患者が自己負担する診療費等と各種保険機関，国，自治体等が負担する治療費等がありますが，それを物理的な診療方法によって収益を区分表示しています。医業収益の計上は，あくまでも発生主義によって認識しますので，自己負担分及び保険機関から診療報酬が支払われた時点で計上するのではなく，診療行為が行われた時点で収益を認識することになります。ただし，保険支払基金等への請求事務等の理由で実務的な対応がなされていますが，その説明は後述の（2）を参照してください。

（1） 医療収益の内容

① 入院診療収益

入院患者の診療，療養に係る収益で，患者自己負担分と保険給付分があります。

② 室料差額収益

特定療養費の対象となる特別の療養環境の提供による収益で，いわゆる病院の特別室，個室等の入院差額負担分です。

③ 外来診療収益

入院患者に対して，毎日多くの患者が病院に足を運んでいますが，この日々の診察を受けるのが外来診療になり，その収益が外来診療収益になります。

④　**保健予防活動収益**

　　保健予防活動とは，各種の健康診断，人間ドッグ，予防接種，妊産婦保健指導等の活動をいい，この医療サービスの受診者の自己負担額と勤務先法人，健保組合，自治体からの収益を保健予防活動収益として計上します。

⑤　**受託検査・施設利用収益**

　　他の病院，診療所等の医療機関からの検査受託，及び所有する医療検査設備等を他の病院，医療機関に利用させることで得る収益をいいます。

⑥　**その他の医業収益**

　　診断書等の文書作成料と施設介護及び短期入所療養介護以外の介護報酬，その他上記の収益に属さない医療行為による収益をいいます。

（2）　保険等査定減

　　日本の医療は国民皆保険制度であり，すべての国民が各種の健康保険制度の下で被保険者となって，その給付を受けています。限られた診療行為についてはなお保険の適用になっていないものもありますが，ほとんどの疾病・傷害が健康保険の給付の対象となっています。この保険給付の請求ですが，ほとんどの場合診察側で請求事務を処理しており，患者としてはその仕組みが見えないところで保険の恩恵に浴しています。

　　通常の保険診療報酬の請求事務は，当月分のレセプト（診療報酬明細書）を翌月10日までに集計して，各支払機関等に対して請求します。保険には健康保険以外にも，公費負担分，公害医療，労働災害保険，自動車損害賠償責任保険，介護保険等がありますが，請求額の多くを占めている健康保険ですと，診療月から2月以内に保険給付の支払があります。その際に請求額全額が入金されることは少なく，支払基金側の査定を受け，そ

の給付額の減額を受けることがあります。その減額理由に対して，症状詳記や検査・投薬の必要性の説明を追記する補完作業で再請求できる場合には，実質的に査定減は生じませんが，診療内容，投薬量や CT・MRI・PET 等の検査での意見の相違に基づくものである場合には，再請求によって認められないことが往々にしてあり，その金額がこの査定減となります。医療機関としては，患者に対して実際に行った診療行為そのものをレセプトに記載して請求するのですから，当該疾病の標準的な治療に比べて過重な治療，過大な投薬，不必要な検査として査定減を受けますと，少なからず疑問を持つ医療者がいるものと思います。経済的には査定減を受けた診療行為は不必要であり，なおかつ無かったものとされた感があります。保険請求をする際には相当の注意を払って，当該診療行為の必要性を明確に記載すべきでしょう。例え査定率が零点数パーセントであっても，大規模病院にあっては年間数億円の収入減になってしまいます。

　実際に再請求不可能な減額を受けた際の会計処理としては，医業収益を減額することになります。つまり保険診療分に対応する当該診療行為は会計上なかったことにするのですが，患者より受領している自己負担分については，病院として患者に対して受領した金額相当の診療行為は行ったのですから，原則としては返戻しません。

　毎月の診療報酬の請求事務とその会計処理は，発生主義によれば診療時点での収益計上になりますが，保険診療分に対しては，請求時点でその請求額を前月の診療収益に計上する方法が多くの病院で採られています。支払基金等から減額査定された額，及びレセプトの記載内容の不備等の理由で返戻されたレセプト分の処理方法には 2～3 通りありますが，処理の簡便性からしますと，査定時及び返戻時に

（借方）　保 険 等 査 定 減　　　（貸方）　医 業 未 収 金
（入院診療収益又は外来
診療収益）

とします。つまり，当該診療収益を取り消しておいて，請求内容を補完し
て再請求する時にはこの逆の仕訳を行って，再び診療収益を計上するので
す。仕訳では，保険等査定減の減額と医業未収金を計上します。

　この査定減は多くの場合には，実際に診療行為を施しているにも拘らず，
その対価を得ることができない結果になりますので，病院の収益に大いに
影響します。この査定結果を受けて，病院内では診療報酬委員会等の名称
を付した検討会議を設けて，査定原因の分析・究明をして，再請求の可否
の検討と以後のレセプトの内容の点検を行っているのが多くの例です。

 **5-4　医 業 費 用**

　病院の本業である医業収益を稼得するための原価に相当するのが医業費
用になります。

> 　医業損益計算は，一会計期間に属する入院診療収益，室料差額収益，
> 外来診療収益等の医業収益から，材料費，給与費，経費等の医業費用
> を控除して医業利益を表示する。
> 2.　医業費用は，材料費，給与費，委託費，設備関係費，研究研修
> 　　費，経費，控除対象外消費税等負担額に区分して表示する。なお，
> 　　病院の開設主体が本部会計を独立会計単位として設置している場

合，本部費として各施設に配賦する内容は医業費用として計上されるものに限定され，項目毎に適切な配賦基準を用いて配賦しなければならない。なお，本部費配賦額を計上する際には，医業費用の区分の末尾に本部費配賦額として表示するとともに，その内容及び配賦基準を附属明細表に記載するものとする。(準則第35)

　この医業費用は発生主義によって認識して計上することになり，収益との対応関係を意識して，発生した期間に帰属させて損益計算書に計上することになります。

（1） 材 料 費

① 医 薬 品 費

　投薬用薬品，注射用薬品，外用薬，検査用試薬，造影剤等の費消額を示します。

② 診療材料費

　医療材料として，カテーテル，手術時の縫合糸，医療用酸素，ギブス粉，レントゲンフィルム等，一回ごとに消費する診療材料の費消額をいいます。

③ 医療消耗器具備品費

　診療，検査，看護，給食等の医療用の器械，器具及び固定資産に計上しない放射性同位元素の費消額をいいます。

④ 給食材料費

　患者給食のために費消した食材の費消額をいいます。ここでは入院患者を始めとする，いわゆる病院食を提供するための食料材料費であり，病院の従業員に提供されている食事のための給食材料費は，ここでいう給食材料費には含まれません。

（2） 給 与 費

病院に勤務する役員，医師，事務職員等に支払われる人件費を計上します。

① 給 料

病院で直接業務に従事する役員，従業員に対する給料，手当をいいます。

② 賞 与

病院で直接業務に従事する従業員に対する確定済み賞与のうち，当該会計期間に係る部分の金額をいいます。

③ 賞与引当金繰入額

病院で直接業務に従事する従業員に対する翌会計期間に支給する賞与の該当会計期間に係る部分の見積額をいいます。

④ 退職給付費用

病院で直接業務に従事する従業員に対する退職一時金，退職年金等将来の退職給付のうち，当該会計期間の負担に属する金額をいいます。この退職給付というのは，従業員を雇用することによって負担すべき労務債務を計上するものです。詳細は第2章2-3を参照してください。

⑤ 法定福利費

病院で直接業務に従事する役員，従業員に対する健康保険法，厚生年金保険法，雇用保険法，労働者災害補償保険法，各種の組合法などの法令に基づく事業者負担分をいいます。このような保険等は従業員の負担分と合わせて社会保険事務所等に納入することになります。

（3） 委 託 費

病院は高度な医療器械を備えて診療に当たっていますが，多岐にわたる業務があるため，その多くを外部に委託しています。そこでは，病院独自

に当該業務を内製化するか，外部に委託するかの検討をした結果，病院の運営上外部委託が有利となる場合が多く，その委託に係る費用負担額を委託費として計上することになります。

① **検査委託費**

血液検査等患者より採取した検体の検査・分析を外部の検査機関に依頼することによって負担する費用です。

② **給食委託費**

病院では入院患者に対して術前術後の栄養管理に基づき，食事を提供することになります。入院を経験した方はご存知でしょうが，病院食といわれるように，何とも味気ない食事を口にされたことと思います。この食事の供給を外部に委託している例が多くなっていますが，その委託費を給食委託費に計上することになります。

③ **寝具委託費**

入院患者が使用するマットレス，毛布，ベットシーツ等の寝具の供給を外部に委託する費用で，多くの病院が現実に利用しています。医師・看護師の白衣や手術着の洗濯が同時に行われることが多いかと思いますが，その費用はこの範囲には含まれません。

④ **医事委託費**

毎月保険診療報酬の請求事務は，医事課にとって相当の負担となっています。点数計算では，病院の診療行為の実態や手術時の必要医療材料等を熟知していれば，請求漏れは大いに解消されます。その事務を外部に委託する例が多くなってきていますが，その業務の委託による費用が該当します。

⑤ **清掃委託費**

病院は当然のことではありますが，清潔に保つ必要があります。患者から「他の病院はもっときれいで，気持ちよかった。」などとの会

話を病院の待合室で聞いたことがありますが，罹病している患者に対しては，清潔感の提供も病院にとって重要な要素となります。そのために清掃業務を外部に委託する例が多いのですが，その清掃委託費を計上することになります。

⑥ **保守委託費**

病院の施設及び設備の保守管理に関する委託費用で，エレベーター，冷暖房設備，電気設備，給排水設備，植栽等の緑化設備，避難救急設備等の管理業務が該当します。

⑦ **その他の委託費**

上記以外の委託に係る費用を計上します。

（4） 設備関係費

① **減価償却費**

病院が保有する有形固定資産及び無形固定資産で，土地や借地権等以外のものは時間の経過に伴って次第に老朽化して，最後は使用に耐えられなくなります。このような資産の価値の減少を，使うことによって得られる収益に対応させる，つまり費用と収益の対応関係を保つために費用化する必要があります。資産の使用によって価値が減少していく事実を，時間の経過を基準にして費用化する方法として減価償却計算があるのです。

減価償却費の計算の要素として，

イ 使用可能期間としての耐用年数

ロ 取得価額と残存価額

ハ 減価償却計算の方法

があります。耐用年数はその資産の使用状況によって決められるものですが，一般的には税法上の耐用年数を基準に決めることになります。

取得価額はその資産の取得代金になり，残存価額は耐用年数経過後の価額を見積もることになります。ここでも税法上の考え方を採用しますと，残存価額は1円となります。減価償却計算の方法には，定額法，定率法等があります。いずれの方法を採ったとしても，その方法を毎期継続して適用する必要があります。

減価償却計算の始期ですが，当該資産を事業の用に供した時点となり，通常は月割計算によることになります。

② **器機賃借料**

医療器械等の借入資産に賃借料を計上することになります。レンタル契約又はリース契約によって使用している資産で，リース会計が適用されない資産に係るリース料もここに計上されることになります。

③ **地 代 家 賃**

病院施設に係る地代と家賃を計上する科目です。来院患者や見舞いの来院者用の駐車場を病院施設の近隣に専用駐車場として借りるケースなどが該当します。

④ **修 繕 費**

病院の建物，附属設備等の固定資産が損耗，損傷した場合の修繕費で，現状の機能を回復するための支出額です。この修繕費と資産価額に上乗せする資本的支出が実務上よく問題となりますが，資本的支出と判断する要件としては，

　　イ　通常の維持補修をしている場合に想定される耐用年数を延長させるもの

　　ロ　当該支出によって，固定資産の価値を増加させるもの

となっており，費用計上と資産計上との差異を示しています。

⑤ **固定資産税等**

固定資産を保有することによって課される税金で，固定資産税と都

市計画税が同時に賦課徴収されます。この課税の基準日は毎年1月1日の現況で納税義務が発生することになります。

⑥ **器機保守料**

　病院の診療に使う器機の保守料で，レントゲン装置，MRI，CTスキャン，手術関係設備，電子カルテシステム，オーダリングシステム等に係る保守料が挙げられます。

⑦ **器械設備保険料**

　施設設備を保険の目的にした火災保険料等の費用を計上します。

⑧ **車両関係費**

　病院が所有する救急車，検診車，巡回用自動車，乗用車，船舶等に係る燃料代，車検費用，自賠責保険料，自動車保険料及び自動車税等の車両等を所有維持するためにかかる費用を計上します。

（5）　研究研修費

　病院の医師，検査技師，薬剤師は，それぞれの医療に係る知識の向上と良質な医療サービスを提供するために，自己研鑽が求められます。一般の企業でも，研修部等の組織をもって社員教育を行っており，病院では一層の研究と研修が求められます。

① **研　究　費**

　医療研究のための試薬，動物やその飼料の購入代等の研究材料購入代，研究用図書の購入代等を研究費として計上します。

② **研　修　費**

　病院内外の学会，研修会，講演会等に参加するための会費，旅費交通費，講師招聘のための謝礼等の従業員の研修に係る費用を計上します。

（6） 経　　費

病院を運営するために通常要する費用で，上記の（1）から（5）に該当しない費用を計上します。

① 福利厚生費

従業員の福利厚生のための費用のうち，法定外の費用を計上します。その内容は各病院によって内容が異なりますが，一般的には次のような費用が福利厚生費として計上されます。

　　イ　従業員宿舎，売店，食堂などの福利施設の維持費のうちの病院負担額

　　ロ　健康診断，慰安旅行，運動会等の行事，従業員を被保険者とする団体保険料，慶弔費用等の病院負担額

② 旅費交通費

病院の業務のための旅費交通費を計上します。ただし，前掲の研究研修費に計上するものを除きます。

③ 職員被服費

病院では，診療に従事する医師等の白衣はもちろんのこと，レントゲン技師が着用する予防着，診療衣，作業衣等に係る費用を計上します。

④ 通　信　費

電話料金，郵便料金，インターネット接続料金等の通信手段に要した費用を計上します。

⑤ 広告宣伝費

医学雑誌や週刊誌，地元自治会等の会報への掲載料，駅の広告，電柱への固定板やバス・電車への広告掲示料，テレビ・ラジオ等での放送料，パンフレットや患者へ配布する健康手帳等の製作費などの広告宣伝を目的にした費用を計上します。

⑥ 消 耗 品 費

カルテ，診断書，検査伝票，レントゲンフィルムファイル袋，処方箋用紙等の医療用及び事務用の用紙，電球，蛍光灯，洗剤など1年以内に消費する物に係る費用を計上します。

⑦ 消耗器具備品費

コピー機，ファクシミリ，シュレッダー，プリンター等の事務用その他の器械，器具のうち固定資産計上基準額未満の物，及び1年以内に消費する物に係る費用を計上します。

⑧ 会 議 費

病院の運営会議，事務連絡会議等の諸会議に要する費用を計上します。

⑨ 水道光熱費

電気，ガス，水道，及び暖房用の重油等の費用を計上します。

⑩ 保 険 料

病院責任賠償保険料，生命保険料等の保険契約に基づく費用を計上します。ただし，車両関係費，器械設備保険料及び福利厚生費に該当するものは除きます。

⑪ 交 際 費

病院では，顧客である患者を接待することは少ないものの，地域住民との融和を図る費用，慶弔費用などの負担があり，その費用を計上します。交際費の考え方は税法上の冗費の支出を認めないという趣旨から来ており，開設主体が課税を受ける場合には，この交際費の支出に関しては慎重になる傾向があります。

⑫ 諸 会 費

病院が負担する医師会費，加盟している各種団体の会費や分担金等を計上することになります。

⑬ **租 税 公 課**

　法人税や消費税，自動車関係の税金を除く，印紙税，登録免許税，事業所税等の税負担額，及び公共賦課金としての町会費等を計上します。

⑭ **医業貸倒損失**

　病院にかかる患者のうちには不届きな者もおり，診療代金を払わずに失踪する者や督促に応じない者がいます。その他にも，資力を喪失して支払能力を有しない者もいます。そのような場合，医業未収金そのものの資産性がなくなっていることになりますので，その損失処理をすることになります。この場合，貸倒引当金で当該貸倒損失額を埋め合わせ，その不足額を医業貸倒損失とします。

⑮ **貸倒引当金繰入額**

　当該会計期間に発生した医業未収金のうち，徴収不能と見積もられる金額を貸倒引当金に繰り入れるもので，その繰入計算の考え方，計算に関しては第2章2-2を参照してください。

⑯ **雑　　　費**

　上記のいずれの費用にも属さない費用を雑費として計上するもので，具体例は，振込手数料，院内託児所費，看護学校や検査技師養成校等の学生に対する奨学金，教材費等を負担した場合の看護師養成費などの費用が該当します。

 5-5　控除対象外消費税等負担額

この控除対象外消費税等負担額は医業費用の1つですが，消費税の計算

に関する問題点を検討するために，個別に取り上げます。

　なお，以下の消費税の計算例では，税率を地方消費税と合わせて 10％
で計算しています。

（1）　病院と消費税

　この消費税は個別の病院が独自に申告納付するのではなく，消費税法の
規定によって開設主体全体で計算して申告納付することになっています。
しかし，各病院は消費税を考える上で最終消費者になり，当然に病院が事
業を行うことで負担する消費税額を，損益計算書の医業費用に計上するこ
とになります。

　消費税等の納付額は，開設主体全体で計算される。病院施設におい
ては開設主体全体で計算された控除対象外消費税等のうち，当該病院
の費用等部分から発生した金額を医業費用の控除対象外消費税等負担
額とし，当該病院の資産取得部分から発生した金額のうち多額な部分
を臨時費用の資産に係る控除対象外消費税等負担額として計上するも
のとする。（注解 22）

　このように，病院の費用等部分で発生した額を医業費用に計上し，資産
取得部分で発生した額を臨時費用に計上します。

（2）　消費税の制度

　消費税は，消費税法上の課税売上によって受け取った消費税額から，同
じく消費税法上の課税仕入によって支払った消費税額を差し引いて，手元
に残っている消費税額を国に納付する仕組みになっています。

　病院では，社会保険診療等の主な収益が非課税になっており，差額ベッ
ト代金等の限られた収益が消費税法上の課税売上になります。一方医薬品

等の購入やその他の経費の支払には消費税額の負担が生じています。課税売上によって入金された額より，課税仕入によって支払った額を差し引いた残額を国（地方自治体も含み）に納付することになります。ただし，支払った消費税額が，受け取った消費税額より全額差し引かれるわけではなく，調整計算をすることになります。その結果，差し引かれる消費税額が少なくなるために，その額だけ病院が負担することになります。例えば，患者さんから受け取った消費税額が年間1億円とします。一方医薬品等の購入によって3億円の消費税を支払っているとします。購入した医薬品は，消費税のかからない社会保険診療のためにも当然ですが投与されます。としますと，この消費税を含めて購入した医薬品等が，非課税である社会保険診療と課税取引になる医業に使われているわけですから，支払った消費税額も分ける必要があり，その結果，納税額から引ききれない消費税額が残ります。その消費税額は病院で負担することになります。

（3） 消費税の会計処理

　消費税は，国に代わって事業者が顧客より消費税額を徴収し，納入する制度になっています。この会計処理としては，収益及び費用に係る消費税額を収益や費用の金額に含めて処理するのではなく，仮受消費税及び仮払消費税という独立した勘定科目を使う方法が採られることになります。いわゆる税抜き方式という方法です。病院会計準則でも，この税抜き方式を前提としています。

（4） 簡易課税制度選択法人と免税法人

　病院の開設主体には，消費税法上の課税売上高が少ないために，簡易課税制度を選択している法人，又は免税点以下の法人があり得ます。そのような場合であっても，個々の病院の運営状況を示すために，課税売上に合

わせて受け取っている仮受消費税額と，医薬品等の課税仕入に合わせて支払っている仮払消費税額を求めて，その差額を病院の負担額とするのです。ですから，消費税を本則どおりに支払っていない法人等によって経営されている病院も，消費税法の本則に従った計算をして，病院負担の税額を示すことになります。

（5） 控除対象外消費税額の計算

各病院の負担となる消費税額は，

（仮受消費税額）－（仮払消費税額のうちの仕入税額控除額）

で計算することになりますが，この仕入税額控除額が問題となります。通常の会社ですと，売上高のほとんどが課税売上高ですので納税額は，

（仮受消費税額）－（仮払消費税額）

となるのです。もし，仮払消費税の方が多い場合には消費税が還付されます。

（仮受消費税額）－（仮払消費税額）

の結果は，仮払消費税額が多くなり，還付になるように思われます。しかし，病院の場合には社会診療報酬等の非課税売上高が多いのですから，医薬品等の購入やその他の病院経費のすべてが課税売上高に対応するものではありません。総売上高のうちの課税売上高が占める割合（課税売上割合といいます）を求めて，仮払消費税額をこの割合で按分し，仮受消費税額から控除できる仮払消費税額を算出するのです。

【計算例】

非課税売上高	420,000,000 円
課税売上高（税込み）	88,000,000 円
消費税がかかる経費（税込み）	220,000,000 円

とすると，

課税売上高（税抜き）　　88,000千円÷1.1＝80,000千円

仮受消費税額　　　　　　80,000千円×10％＝8,000千円

課税売上割合　　80,000千円÷（420,000千円＋80,000千円）＝16％

仮払消費税額　　220,000千円÷1.1×10％＝20,000千円

控除対象消費税額　　20,000千円×16％＝3,200千円

消費税の納税額　　8,000千円－3,200千円＝4,800千円

控除対象外消費税額　　20,000千円－3,200千円＝16,800千円

となります。

　その結果，患者さんから預かった仮受消費税8,000千円から、仮払消費税20,000千円のうちの控除対象消費税額3,200千円を控除した4,800千円を納付することになり，控除できない16,800千円は医療機関の負担となるのです。

（6）　消費税の施設別計算

　消費税は本店所在地を納税地として，申告納付されますので，病院の開設主体が申告納付することになります。その開設主体で生じている控除対象外消費税額を各施設が負担することになります。その計算例を示すことにします。

	開設主体	A 病 院	B 病 院	A＋B
課税売上高（税込み）	115,500	88,000	27,500	
課税売上高（税抜き）	105,000	80,000	25,000	
非課税売上高	495,000	420,000	75,000	
課税売上割合（U）	0.175	0.16	0.25	
仮受消費税額（S）	10,500	8,000	2,500	10,500
課税仕入高（税込み）	269,500	220,000	49,500	
課税仕入高（税抜き）	245,000	200,000	45,000	
仮払消費税額（K）	24,500	20,000	4,500	24,500
控除対象仕入税額U×K＝T	4,287	3,200	1,125	4,325
納付税額S－T	6,213	4,800	1,375	6,175
控除対象外消費税額K－T	20,213	16,800	3,375	20,175

（端数切捨によっています）

　この例では，A，Bの2病院を設置している法人で，消費税の申告納付税額は約 6,213 千円，控除対象外消費税額は約 20,213 千円となります。それに対して各病院個別の計算結果の合計では，申告納税額 6,175 千円，控除対象外消費税額 20,175 千円となり，法人の計算結果と異なります。この場合には，法人の実負担額を各病院に配賦することが適切と考えられます。よって，

　A病院，B病院が個別に控除対象外消費税額を計算しますと，合計額が 20,175 千円になってしまいます。しかし消費税法上で申告義務がある開設主体の控除対象外消費税額は 20,213 千円ですので，それぞれを按分計算すると次のようになります。

A病院：20,213×(16,800÷20,175)≒16,832 千円

B病院：20,213×(3,375÷20,175)≒3,381 千円

として，各病院の控除対象外消費税額を算出します。

（7） 医業費用と臨時費用との区分

　消費税は，医薬品費や旅費交通費等の費用以外にも，資産を購入する場合にも課税されます。この資産取得部分から発生した金額のうち多額な部分を，他の費用に係る消費税額と分けて，資産取得部分に係る消費税額を臨時費用に，その他費用に係る消費税額を医業費用に計上することになります。課税売上割合を 16% と仮定して，その区分計算例を示しますと，

（単位：千円）

	資産に係るもの	左記以外	計
課税仕入高（抜き）	60,000	140,000	200,000
仮払消費税額	6,000	14,000	20,000
課税売上割合	0.16	0.16	0.16
控除対象仕入税額	960	2,240	3,200
控除対象外消費税額	5,040	11,760	16,800

となり，医業費用に 11,760 千円，臨時損失に 5,040 千円を計上することになります。

消費税は、最終消費者が負担するのね！

（8） 準則以外の処理をした場合

Reference

　もし消費税の負担額の処理が，準則に従っていない場合には，「消費税の会計処理を病院会計準則と異なる方法で行っている場合には，その旨，会計処理方法及び病院会計準則に定める方法によった場合と比較した影響額を『比較のための情報』として記載する。この場合の影響額とは，医業収益及び医業費用の各区分別に含まれている消費税相当額，控除対象外消費税等（資産に係るものとその他に区分する）と，その結果としての損益計算書の医業利益，経常利益及び税引前当期純利益に与える影響額とする。」（ガイドライン4-4）といった記載が求められます。

# 5-6　本部費負担額

　本部費の負担額も損益計算書上では，医業費用の1つとして計上される
ものですが，その考え方と計算方法について個別に取り上げます。

（1）　本部費とは

　病院の開設主体である法人等が，病院とは別に法人全体の経営意思決定，
管理，広報等のための本部組織を設けている場合，その本部に係る費用は
最終的には設置する病院に対して負担を求めることになります。

> （略）……
> 病院の開設主体が本部会計を独立会計単位として設置している場合，
> 本部費として各施設に配賦する内容は医業費用として計上されるもの
> に限定され，項目毎に適切な配賦基準を用いて配賦しなければならな
> い。なお，本部費配賦額を計上する際には，医業費用の区分の末尾に
> 本部費配賦額として表示するとともに，その内容及び配賦基準を附属
> 明細表に記載するものとする。（準則第35　2.）

　この本部費の内容は，損益計算書上の医業費用として計上されるものに
限られており，医業外費用や臨時費用に計上されるものは対象となりませ
ん。本部で発生するこのような費用の配賦額を，各病院の損益計算書に本
部費負担額として計上することになります。

> 　病院が本部を独立の会計単位として設置するか否かは，各病院の裁
> 量によるが，本部会計を設置している場合には，医業利益を適正に算

定するため，医業費用に係る本部費について適切な基準によって配賦を行うことが不可欠である。したがって，この場合には，医業費用の性質に応じて適切な配賦基準を用いて本部費の配賦を行い，その内容を附属明細表に記載しなければならない。(注解23)

（2） 本部費の配賦基準

　ここで各施設に配分する費用は，本部が単に立替支払している費用や施設共通費等は対象としていません。法人全体の管理及び広報等のために要した費用が配賦対象の本部費になります。

　本部費の主な配賦基準としては，従業者数，患者・利用者数，延面積，総資産額，総収入額，帳簿価額等が挙げられます。この配賦基準の選択には，各費目の費用発生形態から判断して，より妥当な基準を選択することになります。

　それぞれの費目に適した配賦基準によって，本部費を配賦して，医業費用に計上することになります。

【本部費配賦計算例】

	配賦基準	本　　部	Ａ　病　院	Ｂ　病　院
給　与　費	従業者数	100,000	70,000	30,000
清掃委託費	延　面　積	45,000	29,250	15,750
設備関係費	総資産額	70,000	53,200	16,800
研究研修費	従業者数	15,000	10,500	4,500
旅費交通費	従業者数	30,000	21,000	9,000
会　議　費	幹部職員数	8,000	6,400	1,600
その他経費	従業者数	60,000	42,000	18,000
本部費配賦額合計		328,000	232,350	95,650

【配　賦　基　準】

従 業 者 数	50	35	15
総　資　産	500	380	120
幹部職員数	10	8	2
延　面　積	200	130	70

（3）　準則以外の処理をした場合

 Reference

　もし，この本部費を配賦していない場合には，「本部会計を設置し，本部費を配賦していない場合は，その旨，病院会計準則に定める方法によった場合と比較した影響額を『比較のための情報』として記載する」（ガイドライン4-5）に従って記載することになります。

5-7 経常損益計算

　経常損益計算は，5-4で記述しました「医業損益計算」の結果である「医業利益又は医療損失」を受けて，病院の運営上発生する経常的な費用と収益を「医業外収益」と「医業外費用」とに分けて記載する箇所となります。経常損益計算は，

> 　経常損益計算は，受取利息及び配当金，有価証券売却益，患者外給食収益，運営費補助金収益，施設設備補助金収益等の医業外収益と，支払利息，有価証券売却損，患者外給食用材料費，診療費減免額等の医業外費用とに区分して表示する。(準則第36)

　また，経常利益に関しては，

> 　経常利益は，医業利益に医業外収益を加え，これから医業外費用を控除して表示する。(準則第37)

となります。

(1)　医業外収益

①　受取利息及び配当金

　金融機関に預け入れた預貯金等，保有する公社債等及び貸付金の利息と，保有する株式，出資金等に対する配当金を計上します。この預貯金の利息は，期間の経過に伴って発生するものなので，預入している期間に対応させて未収利息を認識します。ただし，ここでも重要性の原則の適用によって，重要性が乏しい場合にはあえて未収利息を期

間按分しない方法も考えられます。

② **有価証券売却益**

新たな会計基準である金融商品会計基準でいう売買目的等で所有する有価証券を売却した場合の売却益を計上します。

③ **運営費補助金収益**

補助金の会計処理に関しては，前掲の2-6で説明していますが，この運営費補助金とは病院の運営を助成するために交付されるものです。補助金の交付を受けた際には，その補助目的に沿った執行がなされるまで当該補助金を負債の部に計上し，目的どおりに執行した場合には費用が発生し，その義務が解除されたとして負債の部から収益に振り替えることになります。結果として費用＝収益となり，損益に対する影響はゼロとなります。

④ **施設設備補助金収益**

当該補助金で減価償却資産を取得した場合には，その減価償却費の計上に合わせて負債の部に計上した補助金を取り崩して収益に振り替えます。ここでも費用＝収益となります。

補助金については，非償却資産の取得に充てられるものを除き，これを負債の部に記載し，業務の進行に応じて収益に計上する。収益化を行った補助金は，医業外収益の区分に記載する。（注解15）

補助金で非償却資産を取得した場合には，病院の財産的な基礎となり，負債の部から純資産の部に振り替えられます。非償却資産ですから減価償却費は計上されませんので，負債の部から収益に振り替える必要がないのです。

⑤ **患者外給食収益**

病院では入院患者に対して，俗にいう病院食を提供しています。も

ちろん診療費に含まれており，患者に提供する給食費用は医業費用のうちの給食用材料費に計上されます。病院では入院患者以外の付添人や従業員等に対して給食を提供する場合がありますが，その収入額が医業外収益に計上されます。

⑥　その他の医業外収益

　上記以外の医業外収益を計上することになります。病院の駐車場，売店，自動販売機，テレビカード等に係る収益が該当します。

（2）　医業外費用

①　支 払 利 息

　借入金に係る利息を計上します。利息に関しても対応する期間が明確になっていますので，前払利息乃至は未払利息が利払い時期のタイミングによって計上されます。

②　有価証券売却損

　売買目的等で所有する有価証券を売却した場合の売却損を計上します。

③　患者外給食用材料費

　医業外収益に計上されている「患者外給食収益」に対応する原価を計上することになります。

④　診療費減免額

　患者に無料又は低廉な報酬額で診療を行う場合，その収受されなかった金額をこの減免額に計上することになります。

⑤　医療外貸倒損失

　病院の医業収益に係る債権に生じた貸倒れではなく，医療未収金以外の債権で起こった回収不能額です。

⑥　**貸倒引当金医業外繰入額**

　　当該会計期間に発生した医業未収金以外の債権のうち，回収不能と見積もられる金額を計上します。

⑦　**その他の医業外費用**

　　上記に含まれない費用を計上します。

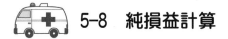 **5-8　純損益計算**

　経常的に取引が発生するものは，経常損益計算に計上されることになります。この純損益計算の区分では，経常損益計算の範囲に入らない，いわば非経常的な取引の結果を表示することになります。

> 　純損益計算は，固定資産売却益等の臨時収益と，固定資産売却損，固定資産除却損，資産に係る控除対象外消費税等負担額，災害損失等の臨時費用とに区分して表示する。(準則第 38)

　臨時費用に計上される「資産に係る控除対象外消費税額等負担額」については，

> 　消費税等の納付額は，開設主体全体で計算される。病院施設においては開設主体全体で計算された控除対象外消費税等のうち，当該病院の費用等部分から発生した金額を医業費用の控除対象外消費税等負担額とし，当該病院の資産取得部分から発生した金額のうち多額な部分を臨時費用の資産に係る控除対象外消費税等負担額として計上するものとする。(注解 22)

として，資産取得によって負担した消費税額で，申告納付税額より控除されなかった金額で多額な部分を臨時費用に計上することになります。

（1） 臨 時 収 益

① 固定資産売却益

所有する固定資産を売却した場合の売却益を計上します。固定資産は事業活動に生かすために所有しているのであり，売却を目的にして所有しているわけではありませんので，固定資産の売却に係る損益は経常利益に影響する箇所におかず，臨時収益に計上することになるのです。売却に係る手数料等の費用を差し引いて，純額をもって売却益として計上することになります。

② その他の臨時収益

ここには固定資産売却益以外の臨時的に発生した利益額を表示することになります。また，売買目的で保有する有価証券に係る損益は医業外の区分に計上されますが，その他有価証券及び満期保有目的の債券の売却益は，その売却が非経常的なものであるためこの臨時収益区分に計上されることになります。他には，すでに過年度で貸倒償却とした債権の回収額，災害時の保険金収益等が考えられます。

（2） 臨 時 費 用

① 固定資産売却損

固定資産の売却によって生じた損失額を表示します。

② 固定資産除却損

固定資産を除却した場合の損失額で，通常売却すらできない資産を廃棄することによって生じる撤去費用も含まれます。

③ **資産に係る控除対象外消費税額等負担額**

　前述の5-5で説明した控除対象外消費税等のうち，取得した資産に係る消費税額を表示します。

④ **災　害　損　失**

　火災，水害等の天災によって生じた損失額で，資産の廃棄損と復旧に係る費用を表示します。

⑤ **その他の臨時費用**

　上記以外で，非経常的臨時的に発生した費用を計上します。

（3）　法人税，住民税及び事業税負担額

　損益計算書の純損益計算の部の結果を受けて，税引前当期純利益が表示されることになります。

> 　税引前当期純利益は，経常利益に臨時収益を加え，これから臨時費用を控除して表示する。(準則第39)

　この税引前当期純利益から，法人税，住民税及び事業税負担額を差し引いて当期純利益を表示します。

> 　当期純利益は，税引前当期純利益から当期の負担に属する法人税額等を控除して表示する。当期の負担に属する法人税額等は，税効果を加味して当期純利益が負担すべき額を計上するものとする。(準則第40)

　この収益に課税される法人税等ですが，病院の開設主体によって課税関係が異なるので，注意が必要です。

> 　開設主体が課税対象法人である場合には，納付すべき税額は，開設

144

主体全体で計算される。したがって，当期の法人税額等として納付すべき額に税効果会計適用によって計算された税金等調整額を加減した金額のうち，当該病院の利益から発生した部分の金額を，法人税，住民税及び事業税負担額として計上するものとする。（注解24）

　国立病院機構等の独立行政法人，国立大学法人の附属病院，地方自治体が設置する病院では法人税等の税金はかかりませんが，公益法人や医療法人では収益課税があります。そこで，申告納税は開設主体に適用されている税法の規定に従って納税額を算出し，そのうち各病院施設が負担すべきものとして計算された法人税等を計上します。この計上額の計算には，新たな会計基準である税効果会計を適用し，その調整額を加減算した金額を法人税，住民税及び事業税負担額として，当期純利益を算出することになります。

第6章
キャッシュ・フロー計算書

　およそ経営体としては，組織を運営していく上で資金繰りをないがしろにするわけにはいきません。かつて，損益計算書上では黒字で利益を計上している会社が，突如資金繰りに窮して会社更生法の適用申請をしたことがありました。いわゆる黒字倒産です。その原因は，事業の拡大に伴って在庫の増加，売掛債権の増加，設備の増強等が重なり，事業を継続するための運転資金が予想を超えて必要になったために，手元資金の枯渇を来したのです。このような資金管理がずさんな企業に対しては，金融機関の企業経営者に対する不信感から緊急融資が実行されなかった結果でした。

　病院会計準則では，この資金繰りの重要性に着目し，企業会計においても財務諸表の1つとして位置付けられている「キャッシュ・フロー計算書」を導入しています。

6-1 キャッシュ・フロー計算書の
意義と表示目的

（1） キャッシュ・フロー計算書の意義

　病院が作成する損益計算書は発生主義会計に基づき，事実の発生に伴っ
て取引を認識する方法で会計処理をしています。この損益取引は，すべて
が現金による取引ではなく，薬品の購入による買掛金の計上，保険診療に
よる医業未収金の計上を取引の裏付けとして，債権・債務を認識していま
す。ですから，損益計算と資金の動きとは必ずしも一致はしないのです。
あわせて，資金の動きは損益取引によるものだけではなく，資産と負債，
そして純資産の増減によってもあるのです。

（2） キャッシュ・フロー計算書の作成目的

　　キャッシュ・フロー計算書は，病院の資金の状況を明らかにするた
めに，活動内容に従い，一会計期間に属するすべての資金の収入と支
出の内容を記載して，その増減の状況を明らかにしなければならない。
（準則第 41）

　キャッシュ・フロー計算書の作成目的をこのように規定しており，資金
の動きを総額で表示することになります。

（3） 資金の範囲

　資金の動きを示すというと，その資金とはどの範囲までをいうのかを明
らかにしておかなければなりません。病院もその運営組織体によって独自
に資金計画をもち，余裕資金を運用することが考えられますので，何を資

金というかを明確にしておく必要があります。

> キャッシュ・フロー計算書が対象とする資金の範囲は，現金及び要求払預金並びに現金同等物（以下「現金等」という。）とする。（準則第42）

さて，ここでいう要求払預金とは，

> 要求払預金には，例えば，当座預金，普通預金，通知預金及びこれらの預金に相当する郵便貯金が含まれる。（注解25）

としており，即座に現金化できる預金をいっています。また，現金同等物とは，

> 現金同等物とは，容易に換金可能であり，かつ，価値の変動について僅少なリスクしか負わない短期投資であり，例えば，取得日から満期日又は償還日までの期間が3ケ月以内の短期投資である定期預金，譲渡性預金，コマーシャル・ペーパー，売戻し条件付現先，公社債投資信託が含まれる。（注解26）

価格変動が少なく換金性に長けた金融商品が該当します。

 Reference

もし，資金の範囲を病院独自又は開設主体が異なる範囲をもってキャッシュ・フロー計算書を作成している場合には，「キャッシュ・フロー計算書の資金の範囲が，病院会計準則と異なる場合には，その旨及びキャッシュ・フロー計算書の各区分（現金等の期首残高及び期末残高を含む）に与える影響額を『比較のための情報』として記載する。」（ガイドライン5-1）となっています。

6-2 キャッシュ・フロー計算書の表示

（1） キャッシュ・フロー計算書の表示区分

　キャッシュ・フロー計算書は，資金の動きを伴う取引をかき集めて1つの表に表示して単に期末残高を示すものではなく，資金の動きの内容を区分し，病院の資金繰り状況を示すことが目的になっています。

> 　キャッシュ・フロー計算書には，「業務活動によるキャッシュ・フロー」，「投資活動によるキャッシュ・フロー」及び「財務活動によるキャッシュ・フロー」の区分を設けなければならない。（準則第43）

　準則に定めるように，病院の活動を業務活動，投資活動，財務活動の3つに区分して表示することを求めており，この点では企業が採用しているキャッシュ・フロー計算書と同様です。読者に対して病院の資金繰りの状況を説明するための有用な財務資料となるのです。

　病院会計準則が，施設である病院を財務諸表作成の独立した対象としているために，同一開設主体の他の施設との取引があり得ます。このような場合の表示としては，

> 　同一開設主体の他の施設（他会計）との取引に係るキャッシュ・フローについては，当該取引の実態に照らして独立した科目により適切な区分に記載しなければならない。（注解27）

としており，同一開設主体内の取引によっても，資金の移動を伴うために，当該取引の適切な区分表示を求めています。

　資金の範囲に含まれる現金等に換算差額が生じた場合には，

としており，その換算差額を他の区分とは分けて表示することを求めています。

Reference

　もし，準則に定める区分とは異なる場合には，「キャッシュ・フロー計算書が，病院会計準則の区分，すなわち，『業務活動によるキャッシュ・フロー』，『投資活動によるキャッシュ・フロー』及び『財務活動によるキャッシュ・フロー』に区分されていない場合には，その旨，病院会計準則によった場合の業務活動によるキャッシュ・フロー，投資活動によるキャッシュ・フロー及び財務活動によるキャッシュ・フローを『比較のための情報』として記載する。」（ガイドライン 5-2）として，比較可能な表示を求められています。

Reference

　また，表示上の計上区分が異なるときにも，「キャッシュ・フロー計算書が，病院会計準則の区分，すなわち，『業務活動によるキャッシュ・フロー』，『投資活動によるキャッシュ・フロー』及び『財務活動によるキャッシュ・フロー』に区分されている場合であって，病院会計準則と異なる区分に計上されている項目がある場合には，その旨，病院会計準則によった場合の業務活動によるキャッシュ・フロー，投資活動によるキャッシュ・フロー及び財務活動によるキャッシュ・フローを『比較のための情報』として記載する。」（ガイドライン 5-3）とし，比較のための方法の記載を求めています。

（2） キャッシュ・フロー計算書の表示方法

キャッシュ・フロー計算書の作成方法には次の2通りがあり，そのいずれかの方法によって表示することになります。

「業務活動によるキャッシュ・フロー」は次のいずれかの方法により表示しなければならない。

1. 主要な取引ごとにキャッシュ・フローを総額表示する方法（以下，「直接法」という。）

2. 税引前当期純利益に非資金損益項目，営業活動に係る資産及び負債の増減，「投資活動によるキャッシュ・フロー」及び「財務活動によるキャッシュ・フロー」の区分に含まれる損益項目を加減して表示する方法（以下，「間接法」という。）（準則第45）

1.に定める直接法とは，医業収益等による収入及び薬品購入等による支出等主要な取引ごとにキャッシュ・フローを総額表示する方法です。

2.に定める間接法とは，税引前当期純利益に非資金損益項目，業務活動に係る資産，負債及び純資産の増減並びに「投資活動によるキャッシュ・フロー」及び「財務活動によるキャッシュ・フロー」の区分に含まれるキャッシュ・フローに関連して発生した損益項目を加減算して「業務活動によるキャッシュ・フロー」を示すものです。

準則では，いずれの方法も原則的な方法とはしていないので，どちらでも支障はありませんが，一般的には間接法が簡便でありかつ対応もしやすいので，企業の多くは間接法によっています。

キャッシュ・フロー計算書の様式については，

キャッシュ・フロー計算書の標準的な様式及び各区分における代表的な項目は，様式例（「業務活動によるキャッシュ・フロー」を「直

接法」により表示する場合）及び様式例（「業務活動によるキャッ

シュ・フロー」を「間接法」により表示する場合）のとおりである。

（注解 29）

に示されています。

（3） キャッシュ・フロー計算書の注記事項

　キャッシュ・フロー計算書には，財務諸表との関連及び表示事項の明瞭性を図るために，次の事項の注記を求めています。

　キャッシュ・フロー計算書には，次の事項を注記しなければならない。

1.　資金の範囲に含めた現金等の内容及びその期末残高の貸借対照表科目別の内訳

2.　重要な非資金取引

3.　各表示区分の記載内容を変更した場合には，その内容

（準則第 48）

1.の資金の範囲は，他の会計基準においても問題となるところであり，どこまでを資金として考えているかの明示を求めているものです。

2.の重要な非資金取引は，損益取引と資金収支取引の違いを明示するものです。

3.の注記は，資金繰りの状況を時系列比較で見るためには，表示の継続性が求められるのであり，表示区分の変更内容を明らかに明示することを求めています。

 ## 6-3　業務活動によるキャッシュ・フロー

病院の本業である医業利益（損失）の稼得（発生）の内容を表示する区分ですが，直接法と間接法では表示される勘定科目が異なり，比較が難しいところですが，業務活動によるキャッシュ・フローの合計額は両方法とも一致します。

> 「業務活動によるキャッシュ・フロー」の区分には，医業損益計算の対象となった取引のほか，投資活動及び財務活動以外の取引によるキャッシュ・フローを記載する。（準則第43　1.）

また，受取利息等について，

> 受取利息，受取配当金及び支払利息に係るキャッシュ・フローは，「業務活動によるキャッシュ・フロー」の区分に記載しなければならない。（準則第44）

としており，かつ，

> 利息の受取額及び支払額は，総額で表示するものとする。(注解28)

と，総額表示を求めています。

後述の設例によって説明します。

 ## 6-4　投資活動によるキャッシュ・フロー

投資活動とは，病院の資金を始めとした資産の運用による資金の動きを表すものです。

> 「投資活動によるキャッシュ・フロー」の区分には，固定資産の取得及び売却，施設設備補助金の受入による収入，現金同等物に含まれない短期投資の取得及び売却等によるキャッシュ・フローを記載する。(準則第43　2.)

この投資活動の表示に関して，

> 「投資活動によるキャッシュ・フロー」及び「財務活動によるキャッシュ・フロー」は，主要な取引ごとにキャッシュ・フローを総額表示しなければならない。(準則第46)

としており，ここでも総額で表示することを求めています。ただし，有価証券の売買のように反復して取引が行われる場合には，その取引を総額で表示することが，病院の本業である医業収入をはるかにしのぐ収入額及び支出額を表示することにもなりかねません。このことが病院の財務諸表の読者にとって，本業以外に多額な資金移動を行っていることで，病院その

ものが大きなリスクを負っているようにも映ります。そのような時には，

> 　期間が短く，かつ，回転が早い項目に係るキャッシュ・フローについては，純額で表示することができる。（注解30）

として，純額表示を許容しています。短期の債券を繰り返し売買しますと，その売買金額の累計額は膨大な金額になることも考えられるために，より病院の実態を反映する方法として純額表示が許容されたわけです。

 ## 6-5　財務活動によるキャッシュ・フロー

　財務活動とは，いわば病院の台所を管理する活動で，資金調整を行う活動になります。

> 　「財務活動によるキャッシュ・フロー」の区分には，資金の調達及び返済によるキャッシュ・フローを記載する。（準則第43　3.）

　そして，財務活動も前述のように投資活動同様総額表示を求められています。

　業務活動，投資活動，財務活動の３区分のキャッシュ・フローの各小計を足し合わせて，

　Ⅳ　現金等の増加額（又は減少額）

　Ⅴ　現金等の期首残高

　Ⅵ　現金等の期末残高

と表示します。もちろんこの期首残高は，前年度の期末残高と一致しますし，期末残高は当年度の貸借対照表の現金等（資金の範囲に含まれるも

の）の金額と一致します。

 ## 6-6 キャッシュ・フロー計算書の作成

キャッシュ・フロー計算書を実際に作成してみましょう。作成例に用いる財務諸表を表1に示します。前期と当期の2期間分の貸借対照表と当期の損益計算書です。

表1 貸借対照表

	前期	当期		前期	当期
現金及び預金	100	120	買 掛 金	320	300
医業未収金	300	280	未 払 金	80	90
有 価 証 券	50	60	短期借入金	180	140
医 薬 品	150	155	未 払 費 用	23	9
診 療 材 料	40	35	長期借入金	600	500
前 払 費 用	10	12	退職給付引当金	200	210
短期貸付金	80	90	純 資 産	1,080	1,100
貸倒引当金	−15	−18			
建　　物	500	480			
医療用器械備品	250	200			
その他の器械備品	60	50			
車両及び船舶	30	25			
放射線同位元素	18	20			
土　　地	600	550			
ソフトウェア	70	60			
長期貸付金	240	230			
計	2,483	2,349	計	2,483	2,349

(注)　資金の範囲は現金及び預金です。

損益計算書

医 業 収 益		2,500
医 業 費 用		
薬 品 費	600	
診療材料費	200	
給 料	1,350	
退職給付費用	40	
委 託 費	80	
減価償却費	100	
貸倒引当金繰入額	5	
経 費	160	2,535
医業外収益		
受取利息及び配当金	5	
有価証券売却益	10	15
医業外費用		
支 払 利 息	25	25
臨 時 収 益		
固定資産売却益	100	100
臨 時 費 用		
災 害 損 失	20	20
法人税，住民税及び事業税負担額		15
当期純利益		20

（1） 直接法によるキャッシュ・フロー計算書の作成

　業務活動によるキャッシュ・フローを，損益計算書に示されている取引を前提にして集計する方法です。

　損益計算書に記載されている取引に，関係する資産負債の増減を反映す

ることになります。

表 2　直接法によるキャッシュ・

貸借対照表	前期	当期	増減	医業収入	医薬品の仕入	診療材料仕入	給与費支出	委託費支出	減価償却費	経費支出	受取利息及び配当金	有価証券売却収入
現金及び預金	100	120	20									
医業未収金	300	280	−20	20								
有価証券	50	60	10									10
医 薬 品	150	155	5		−5							
診療材料	40	35	−5			5						
前払費用	10	12	2									
短期貸付金	80	90	10									
貸倒引当金	−15	−18	−3	3								
建　　物	500	480	−20						10			
医療用器械備品	250	200	−50						60			
その他の器械備品	60	50	−10						10			
車両及び船舶	30	25	−5						5			
放射線同位元素	18	20	2						5			
土　　地	600	550	−50									
ソフトウェア	70	60	−10						10			
長期貸付金	240	230	−10									
買 掛 金	−320	−300	20		−20							
未 払 金	−80	−90	−10									
短期借入金	−180	−140	40									
未 払 費 用	−23	−9	14							−14		
長期借入金	−600	−500	100									
退職給付引当金	−200	−210	−10				10					
純 資 産	−1,080	−1,100	−20									
	0	0	0									
損益計算書												
医 業 収 益		−2,500		2,500								
医 業 費 用												
薬 品 費	600				−600							
診療材料費	200					−200						
給　　料	1,350						−1,350					
退職給付費用	40						−40					
委 託 費	80							−80				
減価償却費	100								−100			
貸倒引当金繰入額	5			−5								
経 費	160									−160		
医業外収益												
受取利息及び配当金		−5									5	
有価証券売却益		−10										10
医業外費用												
支 払 利 息	25											
臨 時 収 益												
固定資産売却益		−100										
臨 時 費 用												
災 害 損 失	20											
法人税、住民税及び事業税負担額	15											
当期純利益	20											
				2,518	−625	−195	−1,380	−80	0	−174	5	20

フロー計算書の作成

有価証券購入支出	支払利息	固定資産売却収入	災害損失	短期貸付金支出	医療器械購入支出	放射性同位元素購入支出	長期貸付金回収収入	短期借入金返済支出	長期借入金返済支出	法人税等支払支出	当期純利益の振替
											0
	−20										0
											0
											0
		−2									0
				−10							0
											0
		10									0
					−10						0
											0
						−7					0
		50									0
											0
							10				0
											0
					10						0
								−40			0
											0
									−100		0
											0
										20	0
											0
											0
											0
											0
											0
											0
											0
											0
											0
											0
											0
											0
											0
											0
	−25										0
		100									0
			−20								0
									−15		0
										−20	0
−20	−27	160	−20	−10	0	−7	10	−40	−100	−15	0	0

その結果，次のようなキャッシュ・フロー計算書になります。

表3 直接法によるキャッシュ・フロー計算書

区　　　　分	金　　　額
Ⅰ　業務活動によるキャッシュ・フロー	
医業収入	2,518
医薬品の仕入支出	−625
診療材料の仕入支出	−195
給与費支出	−1,380
委託費支出	−80
経費支出	−174
小　　計	64
利息及び配当金の受取額	5
利息の支払額	−27
災害による支出	−20
法人税等の支払額	−15
業務活動によるキャッシュ・フロー	7
Ⅱ　投資活動によるキャッシュ・フロー	
有価証券の購入による支出	−20
有価証券の売却による収入	20
有形固定資産の購入による支出	−7
有形固定資産の売却による収入	160
短期貸付金の貸付による支出	−10
長期貸付金の回収による収入	10
投資活動によるキャッシュ・フロー	153
Ⅲ　財務活動によるキャッシュ・フロー	
長期借入金の返済による支出	−100
短期借入金の返済による支出	−40
財務活動によるキャッシュ・フロー	−140
Ⅳ　現金等の増加額	20
Ⅴ　現金等の期首残高	100
Ⅵ　現金等の期末残高	120

（2）　間接法によるキャッシュ・フロー計算書の作成

　損益計算書の税引前当期純利益を出発点にして，非資金取引，業務活動に係る資産及び負債の増減を加減算して，業務活動によるキャッシュ・フローを算出します。

表 4　間接法によるキャッシュ・

財 務 諸 表	前 期	当 期	増 減	税引前当期純利益	減価償却費	退職給付引当金増加	貸倒引当金増加	受取利息	支払利息
現金及び預金	100	120	20						
医業未収金	300	280	−20						
有価証券	50	60	10						
医 薬 品	150	155	5						
診療材料	40	35	−5						
前払費用	10	12	2						−2
短期貸付金	80	90	10						
貸倒引当金	−15	−18	−3				3		
建　物	500	480	−20		10				
医療用器械備品	250	200	−50		60				
その他の器械備品	60	50	−10		10				
車両及び船舶	30	25	−5		5				
放射線同位元素	18	20	2		5				
土　地	600	550	−50						
ソフトウェア	70	60	−10		10				
長期貸付金	240	230	−10						
買 掛 金	−320	−300	20						
未 払 金	−80	−90	−10						
短期借入金	−180	−140	40						
未 払 費 用	−23	−9	14						
長期借入金	−600	−500	100						
退職給付引当金	−200	−210	−10			10			
純 資 産	−1,080	−1,100	−20	35					
	0	0	0	35	100	10	3	0	−2

	前 期	当 期	増 減	税引前当期純利益	減価償却費	退職給付引当金増加	貸倒引当金増加	受取利息	支払利息
Ⅰ　業務活動によるキャッシュ・フロー									
税引前当期純利益				35					
減価償却費					100				
退職給付引当金増加額						10			
貸倒引当金増加額							3		
受取利息及び配当金								−5	
支 払 利 息									25
医業債権減少額									
仕入債務減少額									
支払債務減少額									
有価証券売却益				−10					
固定資産売却益				−100					
災 害 損 失				20					
小　計									
利息及び配当金の受取額								5	
利息の支払									−27
災 害 損 失				−20					
法人税等の支払額									
業務活動によるキャッシュ・フロー									
Ⅱ　投資活動によるキャッシュ・フロー									
有価証券の購入による支出									
有価証券の売却による収入				10					
有形固定資産の購入による支出									
有形固定資産の売却による収入				100					
短期貸付金の貸付による支出									
長期貸付金の回収による収入									
投資活動によるキャッシュ・フロー									
Ⅲ　財務活動によるキャッシュ・フロー									
長期借入金の返済のよる支出									
短期借入金の返済による支出									
財務活動によるキャッシュ・フロー									
Ⅳ　現金等の増加額									
Ⅴ　現金等の期首残高									
Ⅵ　現金等の期末残高									

フロー計算書の作成

医業未収金減少	棚卸資産増減	有価証券増加	固定資産購入	固定資産売却	貸付金増減	買掛金減少	未払金増加	借入金減少額	未払費用減少額	法人税等支払	現金及び預金振替	合計
											−20	
20												0
		−10										0
		−5										0
		5										0
												0
					−10							0
												0
				10								0
			−10									0
												0
			−7									0
				50								0
												0
					10							0
						−20						0
							10					0
								−40				0
									−14			0
								−100				0
												0
										−15		0
												0
20	0	−10	−17	60	0	−20	10	−140	−14	−15	−20	0

医業未収金減少	棚卸資産増減	有価証券増加	固定資産購入	固定資産売却	貸付金増減	買掛金減少	未払金増加	借入金減少額	未払費用減少額	法人税等支払	現金及び預金振替	合計
												35
												100
												10
												3
												−5
												25
20												20
						−20						−20
									−14			−14
												−10
												−100
												20
												64
												5
												−27
												−20
										−15		−15
												7
		−20										−20
	10											20
			−17				10					−7
				60								160
					−10							−10
					10							10
												153
								−100				−100
								−40				−40
												−140
												20
												100
												120

その結果，次のようなキャッシュ・フロー計算書になります。

表5　間接法によるキャッシュ・フロー計算書

区　　　分	金　額
Ⅰ　業務活動によるキャッシュ・フロー	
税引前当期純利益	35
減価償却費	100
退職給付引当金増加額	10
貸倒引当金増加額	3
受取利息及び配当金	−5
支　払　利　息	25
医業債権減少額	20
仕入債務減少額	−20
支払債務減少額	−14
有価証券売却益	−10
固定資産売却益	−100
災　害　損　失	20
小　　計	64
利息及び配当金の受取額	5
利息の支払額	−27
災害による支出	−20
法人税等の支払額	−15
業務活動によるキャッシュ・フロー	7
Ⅱ　投資活動によるキャッシュ・フロー	
有価証券の購入による支出	−20
有価証券の売却による収入	20
有形固定資産の購入による支出	−7
有形固定資産の売却による収入	160
短期貸付金の貸付による支出	−10
長期貸付金の回収による収入	10
投資活動によるキャッシュ・フロー	153
Ⅲ　財務活動によるキャッシュ・フロー	
長期借入金の返済による支出	−100
短期借入金の返済による支出	−40
財務活動によるキャッシュ・フロー	−140
Ⅳ　現金等の増加額	20
Ⅴ　現金等の期首残高	100
Ⅵ　現金等の期末残高	120

第7章
附属明細表

　企業を始めとして，財務諸表そのものの表示は簡素化されてきています。やはり財務諸表の読者を意識して，より見やすい表示が求められているのです。しかし，あまりに簡素化しますと，その組織体を理解するための有効な情報を十分に伝達できなくなります。これは，病院においても同様です。そこで，財務諸表そのものの表示を簡素化する一方，その表示機能を維持するために講じられたのが，重要な会計方針等の注記と附属明細表です。財務諸表の作成のために採用している会計処理方針等を注記として文章で記載しているのに対して，財務諸表に表示されている重要な数値の詳細な内容を示しているのが附属明細表です。ですから，この附属明細表の存在は，病院の財務内容を読者に伝えるための重要な資料となるのです。

7-1　附属明細表の意義

（1）　附属明細表の意義

　附属明細表は，病院の財務諸表体系の1つとして重要な役割を果たしています。このような明細資料は，一般の会社でも会社法の規定に基づいて，附属明細書として作成されており，病院の附属明細表はこの会社法に規定されている附属明細書に準拠したものになっています。ですから，財務諸表の読者（＝利用者）にとって容易に受け入れられるものになっています。

　従来の準則において，附属明細表は5つ作成されていました。そのうち，有形固定資産明細表，無形固定資産明細表及び減価償却費明細表は固定資産明細表にまとめられ，任意積立金明細表は資本の考え方の変更によってなくなり，引当金明細表はそのまま引き継がれました。その他に新たに7つの明細表の作成が追加され，貸借対照表及び損益計算書の重要な勘定科目及び注記内容を詳細に説明することになりました。

（2）　附属明細表の作成目的

　附属明細表は，貸借対照表，損益計算書及びキャッシュ・フロー計算書の記載を補足する重要な事項について，その内容，増減状況等を明らかにするものでなければならない。（準則第49）

　準則では附属明細表を，基本的な財務諸表である貸借対照表，損益計算書及びキャッシュ・フロー計算書の表示を簡素化する一方で，その詳細な内容を説明するために設けられた財務諸表の1つとしています。これは，附属明細表が，財務諸表の作成に求められている明瞭表示（明瞭性の原

則）と重要性の原則の下での財務諸表体系の重要な地位を占めていること
を示しています。

Reference

　このように準則では，9つの附属明細表の作成を求めていますが，この準
則と異なる処理を行っている場合については，

　　「附属明細表に関連する項目について，病院会計準則と異なる処理を
　　行っている場合には，以下のいずれかの方法により，附属明細表を作成
　　する。
　　　① 附属明細表は，病院会計準則の処理方法に従ったものを作成し，
　　　　損益計算書及び貸借対照表との関係について必要に応じて注記する。
　　　② 附属明細表は，開設主体の会計基準に従った損益計算書及び貸借
　　　　対照表を基礎に作成し，『比較のための情報』に係る附属明細書の
　　　　項目について注記する。」　　　　　　　　　　（ガイドライン 6-1）

Reference

　また類似の資料が他に存在するのであれば，

　　「開設主体の会計基準に定められた類似の附属明細表または明細書が
　　存在する場合は，病院会計準則で規定している内容を『比較のための
　　情報』として当該明細表又は明細書に注記することにより，代替する
　　ことができる。」　　　　　　　　　　　　　　　（ガイドライン 6-2）

としており，制作作業の重複を避けています。

まずは，読者にとって理解しやすい表示に補完されていれば，その機能の発揮には支障がないものと考えているのです。

　次に，準則で示している各附属明細表の様式例を使って，その記載内容に関して述べることにします。

 7-2　純資産明細表

（1）　純資産とは

　この純資産という概念は，準則の改正で新たに登場した概念です。従来の準則では貸借対照表の一般的な様式である資本の部として，出資金，資本剰余金，利益剰余金の区分を設けて表示していました。しかし，病院会計準則で示す財務諸表は病院という個別の施設会計であり，開設主体が有する出資勘定は馴染まないとの指摘がなされてきました。そこで，（総資産－負債）を純資産として表示することになりました。そこには，病院の運営による損益の結果だけではなく，非償却資産の取得に充てた補助金，その他有価証券の評価差額，同一の開設主体の他の施設間との金銭の授受，外部との間での資金等の授受も，この純資産の部に計上することになったのです。この点は，従来の資本勘定とは大きく異なるところです。

（2）　純資産明細表の様式例

　準則で示されている様式例は次のとおりです。

項　　　目	期首残高	当期増加額	当期減少額	当期純利益 又　　は 当期純損失	期末残高
純資産額					

（記載上の注意）

　純資産明細表には，純資産の期首残高，当期増加額，当期減少額及び期末残高について記載する。なお，当期における増加額及び減少額は，当期純利益及び当期純損失を区分して記載する。また，当期純利益又は当期純損失以外の増加額及び減少額は，その内容を注記する。

　このように雛形が示されており，記載上の注意に従って作成します。この注記すべき例としては，「他施設への備品帰属先変更による減少額」「福祉施設に対する資金援助額」等その内容及び金額を記載することになります（研究報告第12号）。

【記載例】

項　　　目	期首残高	当期増加額	当期減少額	当期純利益 又　　は 当期純損失	期末残高
純資産額	20,000	*1 2,500	*2 500	1,000	23,000

（*1）　当期増加のうち，1,500は，土地の取得に充てた補助金額であり，
　　　　1,000は他病院からの拠出額です。

（*2）　当期減少額は，保有する「その他有価証券」の評価差額です。

7-3　固定資産明細表

　従来の準則では，明細表を有形固定資産，無形固定資産，減価償却費の
各別に3つの明細表を作成してきましたが，今回の改正で固定資産明細表
にまとめられました。

　準則で示している様式例は次のとおりです。

固定資産明細表

資産の種類	期首残高	当期増加額	当期減少額	期末残高	減価償却累計額又は償却累計額	当期償却額	差引期末残高	摘要
有形固定資産								
計								
無形固定資産								
計								
その他資産								
計								

（記載上の注意）
　固定資産明細表には，有形固定資産，無形固定資産及びその他の資産（長期貸付金を除く）について資産の種類ごとに期首残高，当期増加額，当期減少額，期末残高，減価償却累計額及び当期償却額，差引期末残高の明細を記載する。

【記載例】

固定資産明細表

	資産の種類	期首残高	当期増加額	当期減少額	期末残高	減価償却累計額又は償却累計額	当期償却額	差引期末残高	摘要
有形固定資産	建　物	50,000	*①10,000	—	60,000	18,000	300	42,000	
	医療用器械備品	30,000	—	*② 800	29,200	4,300	500	24,900	
	その他の器械備品	18,000	*③ 1,000		19,000	6,200	600	12,800	
	土　地	85,000	*④15,000	—	100,000	—	—	100,000	
	計	183,000	26,000	800	208,200	28,500	1,400	179,700	
無形固定資産	借地権	20,000	—		20,000	—	—	20,000	
	ソフトウェア	36,000	*⑤16,000		52,000	32,000	8,000	20,000	
	計	56,000	16,000		72,000	32,000	8,000	40,000	
その他資産	有価証券	10,000	*⑥ 2,000	*⑦ 1,200	10,800			10,800	
	長期前払費用	2,000			2,000	1,200	400	800	
	計	12,000	2,000	1,200	12,800	1,200	400	11,600	

(注) 当期の主な増減の内容
* 1　建物の増加額は，看護婦寮の取得額 10,000 です。
* 2　医療用器械備品の減少額は，エコー機の廃棄 800 です。
* 3　その他の器械備品の増加額は，事務用機器の購入 1,000 です。
* 4　土地の増加額は，病院の隣接地の取得 15,000 です。
* 5　ソフトウェアの増加額は，検査分析用ソフトの購入 16,000 です。
* 6　有価証券の増加額は，国債の購入 2,000 です。
* 7　有価証券の減少額は，株式の評価差額 1,200 です。

7-4　貸付金明細表

　固定資産明細表から除外されている長期貸付金を含めて，短期貸付金と各別に作成することになります。様式例は次のとおりです。

（1）　長期貸付金明細表

貸　付　先	期首残高	当期増加額	当期減少額	期　末　残　高 （うち1年以内返済予定額）
				（　　　　　　　　）
				（　　　　　　　　）
				（　　　　　　　　）
計				（　　　　　　　　）

（2）　短期貸付金明細表

貸　付　先	期　首　残　高	期　末　残　高	増　減　額
1年以内返済予定の 長期貸付金			
計			

（記載上の注意）
　貸付金明細表には，長期貸付金及び短期貸付金に区分し長期貸付金は貸付先（役員従業員，他会計を含む）ごとに期首残高，当期増加額，当期減少額及び期末残高の明細を，短期貸付金は貸付先ごとに期首残高，期末残高の明細を記載する。

（1）　長期貸付金明細表

貸　付　先	期 首 残 高	当期増加額	当期減少額	期 末 残 高 （うち1年以内返済予定額）
従　業　員	1,000	200	150	1,050 （　　　160）
本　　　部	18,000	—	2,500	15,500 （　　2,500）
○×病院	30,000	5,000	8,000	27,000 （　　9,000）
計	49,000	5,200	10,650	43,550 （　11,660）

（2）　短期貸付金明細表

貸　付　先	期 首 残 高	期 末 残 高	増　減　額
役　　　員	4,000	2,000	−2,000
△○病院	10,000	0	−10,000
1年以内返済予定の 長期貸付金	10,650	11,660	1,010
計	24,650	13,660	−10,990

7-5　借入金明細表

借入金明細表も長期と短期に分けて作成します。様式例は次のとおりです。

（1）　長期借入金明細表

借　入　先	期首残高	当期増加額	当期減少額	期　末　残　高 （うち１年以内返済予定額）
				（　　　　　　　　　）
				（　　　　　　　　　）
				（　　　　　　　　　）
計				（　　　　　　　　　）

（2）　短期借入金明細表

借　入　先	期　首　残　高	期　末　残　高	増　減　額
１年以内返済予定の 長期借入金			
計			

（記載上の注意）
　　借入金明細表には，長期借入金及び短期借入金に区分し，長期借入金は借入先（役員従業員，他会計を含む）ごとに期首残高，当期増加額，当期減少額及び期末残高の明細を，短期借入金は借入先（役員従業員，他会計を含む）ごとに期首残高，期末残高の明細を記載する。

【記載例】

（1）　長期借入金明細表

借　入　先	期 首 残 高	当期増加額	当期減少額	期 末 残 高 （うち１年以内返済予定額）
役　　　員	3,000	―	500	2,500 （　　　　500）
本　　　部	20,000	15,000	4,000	31,000 （　　　4,000）
Ｋ○病院	10,000	―	4,000	6,000 （　　　4,000）
計	33,000	15,000	8,500	39,500 （　　　8,500）

（2）　短期借入金明細表

借　入　先	期 首 残 高	期 末 残 高	増　減　額
役　　　員	2,000	1,000	－1,000
Ｗ Ａ 病院	7,000	0	－7,000
１年以内返済予定の 長期借入金	8,500	8,500	0
計	17,500	9,500	－8,000

7-6　引当金明細表

引当金明細表には，資産から控除して表示するものと，負債に計上するものとを一表にまとめて作成することになります。その様式例は次のとおりです。

区　　　分	期首残高	当期増加額	当期減少額		期末残高	摘　要
			目的使用	そ　の　他		

（記載上の注意）
　引当金明細表には，引当金の種類ごとに，期首残高，当期増加額，当期減少額及び期末残高の明細を記載する。目的使用以外の要因による減少額については，その内容及び金額を注記する。

【記載例】

区　　　分	期首残高	当期増加額	当期減少額		期末残高	摘　要
			目的使用	そ　の　他		
貸倒引当金	5,700	6,100	3,200	2,500	6,100	
賞与引当金	4,800	5,200	4,800	―	5,200	
退職給付引当金	38,000	3,400	5,300	―	36,100	

（注）　貸倒引当金の当期減少額の「その他」は，洗替による取崩しです。

7-7　補助金明細表

　病院が受取る補助金には，施設を充実させる目的で交付されるものと，日々の運営費用に充てる目的で交付されるものがあり，その交付目的によって補助金の使用が制限されるとともに，会計処理にも相違が生じることもあります。すなわち，土地等の非減価償却資産を取得した場合には，その取得額相当を資本の充実として，純資産の増加とすることになります。

種　　　類	交　付　元	収 入 総 額	当期収益額	負債計上額	補 助 金 交 付 基 準 の 概 要
施設整備					
小　計					
運営費					
小　計					
計					

（記載上の注意）
　補助金明細表には，交付の目的が施設設備の取得の補助に係るものと運営費の補助に係るものとに区分し，交付の種類及び交付元ごとに，補助総額，当期収益計上額，負債計上額等の明細を記載する。なお，非償却資産の取得のために交付を受けた補助金はその内容及び金額を注記する。

【記載例】

種　類		交　付　元	収入総額	当期収益額	負債計上額	補助金交付基準の概要
施設整備	病院建設	厚生労働省	300,000	150,000	100,000	病院建設用の土地建物取得目的
	医療機器購入	〇〇県	150,000	70,000	80,000	最新医療機器購入目的
	小　計		450,000	220,000	180,000	
運営費	救急医療	〇〇県	80,000	50,000	30,000	救急指定に係る補助
	小児科医療補助	××市	20,000	18,000	2,000	小児科医療への補助
	小　計		100,000	68,000	32,000	
計			550,000	288,000	212,000	

（注）　施設整備目的で厚生労働省より交付された補助金によって，病院建設のための土地の取得代金に 50,000 を充当しました。

　COVID-19（コロナ）の感染拡大に伴って交付された補助金ですが，医療機関の感染症対策のための施設設備調達に充当される目的の交付金は，施設整備欄に記載します。一方，医療機関の運営に充てる目的の交付金は，運営費欄に記載します。コロナが蔓延した期間には運営費を補填する目的で相当額の交付金が医療機関に交付されましたが，必ずしも交付金額＝費用額とはならず，多くの医療機関の損益計算上ではプラス効果が見られました。

 　**7-8**　**資産につき設定している担保権明細表**

　病院が外部より資金調達をする場合，その借入金の保全のために担保を

要求されることがあります。この担保そのものは，貸借対照表に計上されるものではなく，注記によって開示が求められているものです。

その様式例を示します。

担保に供している資産			担保権によって担保されている債務	
種　　類	期末帳簿価額	担保権の種類	内　　容	期 末 残 高
計			計	

（記載上の注意）

　　資産につき設定している担保権の明細表には，担保に供している資産の種類ごとに当期末における帳簿価額，担保権の種類，担保権によって担保されている債務の内容及び残高の明細を記載する。

【記載例】

担保に供している資産			担保権によって担保されている債務	
種　　類	期末帳簿価額	担保権の種類	内　　容	期 末 残 高
土　　地	350,000	抵 当 権	長期借入金	680,000
建　　物	500,000	抵 当 権	長期借入金	680,000
計	850,000		計	680,000

（注）　土地及び建物は，長期借入金680,000の共同担保として差し入れられているものです。

7-9　給与費明細表

　損益計算書の医業費用のうちの給与費の内訳を表示するものです。なお，明細表では，法定福利費に関しては内訳を求めていません。その様式は次のとおりです。

	給　料	賞　与	賞与引当金繰入額	退職給付費　用	小　計	法　定福利費	計
医　　　師							
看　護　師							
理学療法士又　　　は作業療法士							
医療技術員							
事　務　員							
技能労務員							
そ　の　他							
計							

（記載上の注意）
　給与費明細表には，職種ごとに当期における給料，賞与，退職給付費用等の明細を記載する。

	給　料	賞　与	賞与引当金繰入額	退職給付費　用	小　計	法　定福利費	計
医　　　師	38,000	10,500	3,700	4,000	56,200		
看　護　師	23,000	6,300	1,800	1,700	32,800		
理学療法士又　　　は作業療法士	3,300	860	220	300	4,680		
医療技術員	1,800	350	100	80	2,330		
事　務　員	16,000	4,600	1,200	5,000	26,800		
技能労務員	600	100	30	170	900		
そ　の　他	100	20	10	30	160		
計	82,800	22,730	7,060	11,280	123,870	2,800	126,670

 7-10　本部費明細表

　病院の「開設主体によっては，法人全体の経営意思決定，管理，広報等を行うために本部組織を設置している場合がある。本部費として集計される費用は医業費用に分類される項目に限定され，最終的には各施設でこの費用を負担しなければならない。したがって，このように独立した機能を有する会計単位としての本部費を，各施設等にどのように配賦し，負担させるかの検討が必要となる。」（非営利法人委員会研究報告第12号）この本部費の配賦内容を示すのが，本部費明細表になります。その様式は次の

ように示されています。

項　　目	本　部　費	当病院への配賦額	配　賦　基　準
計			

（記載上の注意）

　本部費明細表には，設定された配賦基準を適用する項目ごとに当期における本部費及び当病院への配賦額を記載する。

【記載例】

項　　目	本　部　費	当病院への配賦額	配　賦　基　準
給与費，研究研修費，旅費交通費他	205,000	143,500	従 業 者 数
清掃委託費他	45,000	29,250	延 面 積
設備関係費	70,000	53,200	総 資 産 額
会 議 費 他	8,000	6,400	幹部職員数
計	328,000	232,350	

病 院 会 計 準 則

［ 改 正 版 ］

平成 16 年 8 月

厚生労働省医政局

第1章　総　　則

第1　目　　的

　病院会計準則は、病院を対象に、会計の基準を定め、病院の財政状態及び運営状況を適正に把握し、病院の経営体質の強化、改善向上に資することを目的とする。

第2　適用の原則

1. 病院会計準則は、病院ごとに作成される財務諸表の作成基準を示したものである。
2. 病院会計準則において定めのない取引及び事象については、開設主体の会計基準及び一般に公正妥当と認められる会計の基準に従うものとする。
3. 病院の開設主体が会計規則を定める場合には、この会計準則に従うものとする。

第3　会 計 期 間

　病院の会計期間は1年とし、開設主体が設定する。

第4　会 計 単 位

　病院の開設主体は、それぞれの病院を会計単位として財務諸表を作成しなければならない。

第5　財務諸表の範囲

　病院の財務諸表は、貸借対照表、損益計算書、キャッシュ・フロー計算書及び附属明細表とする。

第2章　一 般 原 則

第6　真実性の原則

　病院の会計は、病院の財政状態及び運営状況に関して、真実な報告を提供するものでなければならない。(注1)

第7　正規の簿記の原則

    1.　病院は、病院の財政状態及び運営状況に関するすべての取引及び事象を体系的に記録し、正確な会計帳簿を作成しなければならない。

    2.　病院の会計帳簿は、病院の財政状態及び運営状況に関するすべての取引及び事象について、網羅的かつ検証可能な形で作成されなければならない。

    3.　病院の財務諸表は、正確な会計帳簿に基づき作成され、相互に整合性を有するものでなければならない。（注2）（注4）

第8　損益取引区別の原則

  病院の会計においては、損益取引と資本取引とを明瞭に区別し、病院の財政状態及び運営状況を適正に表示しなければならない。（注3）

第9　明瞭性の原則

  病院の開設主体は、財務諸表によって、必要な会計情報を明瞭に表示し、病院の状況に関する判断を誤らせないようにしなければならない。（注4）（注5）（注7）（注8）

第10　継続性の原則

  病院の会計においては、その処理の原則及び手続きを毎期継続して適用し、みだりにこれを変更してはならない。（注5）（注6）

第11　保守主義の原則

    1.　病院の開設主体は、予測される将来の危険に備えて、慎重な判断に基づく会計処理を行なわなければならない。

    2.　病院の開設主体は、過度に保守的な会計処理を行うことにより、病院の財政状態及び運営状況の真実な報告をゆがめてはならない。

第12　重要性の原則

  病院の会計においては、会計情報利用者に対して病院の財政状態及び運営状況に関する判断を誤らせないようにするため、取引及び事象の質的、量的重要性を勘案して、記録、集計及び表示を行わなければならない。（注4）（注5）（注7）（注8）

第13　単一性の原則

　種々の目的のために異なる形式の財務諸表を作成する必要がある場合、それらの内容は信頼しうる会計記録に基づいて作成されたものであって、政策の考慮のために、事実の真実な表示をゆがめてはならない。

一般原則注解

（注1）真実性の原則について

　病院経営の効率化を図るためには、異なる開設主体間の病院会計情報の比較可能性を確保する必要があり、真実な報告が要請される。

（注2）正規の簿記の原則について

　キャッシュ・フロー計算書は、病院の財務諸表を構成する書類のひとつであり、基本的には正確な会計帳簿に基づき作成されるべきものである。

（注3）損益取引区別の原則について

　病院会計における損益取引とは、収益又は費用として計上される取引を指し、資本取引とはそれ以外に純資産を増加又は減少させる取引をいう。

（注4）重要性の原則の適用について

1.　重要性の乏しいものについては、本来の会計処理によらないで、合理的な範囲で他の簡便な方法によることも、正規の簿記の原則に従った処理として認められる。

2.　重要性の原則は、財務諸表の表示に関しても適用され、本来の財務諸表の表示方法によらないで、合理的な範囲で他の簡便な方法によることも、明瞭性の原則に従った表示として認められる。

（注5）重要な会計方針について

　財務諸表には、重要な会計方針を注記しなければならない。会計方針とは、病院が貸借対照表、損益計算書及びキャッシュ・フロー計算書の作成に当たって、その財政状態及び運営状況を正しく示すために使用した会計処理の原則及び手続き並びに表示の方法をいう。会計方針の例としては、次のようなものがある。

① 有価証券の評価基準及び評価方法

② たな卸資産の評価基準及び評価方法

③ 固定資産の減価償却の方法

④ 引当金の計上基準

⑤ 収益及び費用の計上基準

⑥ リース取引の処理方法

⑦ キャッシュ・フロー計算書における資金の範囲

⑧ 消費税等の会計処理方法

⑨ その他重要な会計方針

(注6) 会計方針の変更について

会計方針を変更した場合には、その旨、理由、影響額等について注記しなければならない。会計方針変更の例としては、次のようなものがある。

① 会計処理の原則又は手続きの変更

② 表示方法の変更

(注7) 重要な後発事象について

財務諸表には、貸借対照表、損益計算書及びキャッシュ・フロー計算書を作成する日までに発生した重要な後発事象を注記しなければならない。

後発事象とは、貸借対照表日後に発生した事象で、次期以後の財政状態及び運営状況に影響を及ぼすものをいう。

重要な後発事象を注記として記載することは、当該病院の将来の財政状態及び運営状況を理解するための資料として有用である。

重要な後発事象としては、次のようなものがある。

① 火災・出水等による重大な損害の発生

② 重要な組織の変更

③ 重要な係争事件の発生又は解決

(注8) 追加情報について

土地・建物等の無償使用等を行っている場合、その旨、その内容について注記しなければならない。

第3章　貸借対照表原則

第14　貸借対照表の作成目的

　貸借対照表は、貸借対照表日におけるすべての資産、負債及び純資産を記載し、経営者、出資者（開設者）、債権者その他の利害関係者に対して病院の財政状態を正しく表示するものでなければならない。（注9）

　　1.　債務の担保に供している資産等病院の財務内容を判断するために重要な事項は、貸借対照表に注記しなければならない。

　　2.　貸借対照表の資産の合計金額は、負債と純資産の合計金額に一致しなければならない。

第15　貸借対照表の表示区分

　貸借対照表は、資産の部、負債の部及び純資産の部の三区分に分け、さらに資産の部を流動資産及び固定資産に、負債の部を流動負債及び固定負債に区分しなければならない。

第16　資産、負債の表示方法

　資産、負債は、適切な区分、配列、分類及び評価の基準に従って記載しなければならない。

第17　総額主義の原則

　資産、負債及び純資産は、総額によって記載することを原則とし、資産の項目と負債又は純資産の項目とを相殺することによって、その全部又は一部を貸借対照表から除去してはならない。

第18　貸借対照表の配列

　資産及び負債の項目の配列は、流動性配列法によるものとする。

第19　貸借対照表科目の分類

　　1.　資産及び負債の各科目は、一定の基準に従って明瞭に分類しなければならない。（注10）

2. 資　　　産

　　資産は、流動資産に属する資産及び固定資産に属する資産に区別しなければならない。仮払金、未決算等の勘定を貸借対照表に記載するには、その性質を示す適当な科目で表示しなければならない。

（1）現金及び預金、経常的な活動によって生じた未収金等の債権及びその他1年以内に回収可能な債権、売買目的有価証券等、医薬品、診療材料、給食用材料、貯蔵品等のたな卸資産は、流動資産に属するものとする。

　　前払費用で1年以内に費用となるものは、流動資産に属するものとする。

　　未収金その他流動資産に属する債権は、医業活動上生じた債権とその他の債権とに区分して表示しなければならない。

（2）固定資産は、有形固定資産、無形固定資産及びその他の資産に区分しなければならない。

　　建物、構築物、医療用器械備品、その他の器械備品、車両及び船舶、放射性同位元素、その他の有形固定資産、土地、建設仮勘定等は、有形固定資産に属するものとする。

　　借地権、ソフトウェア等は、無形固定資産に属するものとする。（注11）（注12）

　　流動資産に属さない有価証券、長期貸付金並びに有形固定資産及び無形固定資産に属するもの以外の長期資産は、その他の資産に属するものとする。

（3）債権のうち役員等内部の者に対するものと、他会計に対するものは、特別の科目を設けて区別して表示し、又は注記の方法によりその内容を明瞭に表示しなければならない。

3. 負　　　債

　　負債は、流動負債に属する負債と固定負債に属する負債とに区別しなければならない。仮受金、未決算等の勘定を貸借対照表に記載するには、その性質を示す適当な科目で表示しなければならない。

（1）経常的な活動によって生じた買掛金、支払手形等の債務及びその他期限が1年以内に到来する債務は、流動負債に属するものとする。

　　買掛金、支払手形その他流動負債に属する債務は、医業活動から生じた債務とその他の債務とに区別して表示しなければならない。

　　引当金のうち、賞与引当金のように、通常1年以内に使用される見込みのも

のは、流動負債に属するものとする。（注13）

(2) 長期借入金、その他経常的な活動以外の原因から生じた支払手形、未払金の
うち、期間が1年を超えるものは、固定負債に属するものとする。

引当金のうち、退職給付引当金のように、通常1年を超えて使用される見込
みのものは、固定負債に属するものとする。（注14）

(3) 債務のうち、役員等内部の者に対するものと、他会計に対するものは、特別
の科目を設けて区別して表示し、又は注記の方法によりその内容を明瞭に表示
しなければならない。

(4) 補助金については、非償却資産の取得に充てられるものを除き、これを負債
の部に記載し、補助金の対象とされた業務の進行に応じて収益に計上しなけれ
ばならない。設備の取得に対して補助金が交付された場合は、当該設備の耐用
年数にわたってこれを配分するものとする。（注15）

なお、非償却資産の取得に充てられた補助金については、これを純資産の部
に記載するものとする。

4. 純　資　産

純資産は、資産と負債の差額として病院が有する正味財産である。純資産には、
損益計算書との関係を明らかにするため、当期純利益又は当期純損失の金額を記
載するものとする。（注9）

第20　資産の貸借対照表価額

貸借対照表に記載する資産の価額は、原則として、当該資産の取得原価を基礎として
計上しなければならない。（注16）

第21　無償取得資産の評価

譲与、贈与その他無償で取得した資産については、公正な評価額をもって取得原価と
する。

第22　有価証券の評価基準及び評価方法

1. 有価証券については、購入代価に手数料等の付随費用を加算し、これに移動平
均法等の方法を適用して算定した取得原価をもって貸借対照表価額とする。

2. 有価証券については、売買目的有価証券、満期保有目的の債券、その他有価証

券に区分し、それぞれの区分ごとの評価額をもって貸借対照表価額とする。(注17)(注18)

第23　たな卸資産の評価基準及び評価方法
　医薬品、診療材料、給食用材料、貯蔵品等のたな卸資産については、原則として、購入代価に引取費用等の付随費用を加算し、これに移動平均法等あらかじめ定めた方法を適用して算定した取得原価をもって貸借対照表価額とする。ただし、時価が取得原価よりも下落した場合には、時価をもって貸借対照表価額としなければならない。

第24　医業未収金、未収金、貸付金等の貸借対照表価額
　1.　医業未収金、未収金、貸付金等その他債権の貸借対照表価額は、債権金額又は取得原価から貸倒引当金を控除した金額とする。なお、貸倒引当金は、資産の控除項目として貸借対照表に計上するものとする。(注10)
　2.　貸倒引当金は、債務者の財政状態及び経営成績等に応じて、合理的な基準により算定した見積高をもって計上しなければならない。

第25　有形固定資産の評価
　1.　有形固定資産については、その取得原価から減価償却累計額を控除した価額をもって貸借対照表価額とする。有形固定資産の取得原価には、原則として当該資産の引取費用等の付随費用を含める。
　2.　現物出資として受け入れた固定資産については、現物出資によって増加した純資産の金額を取得原価とする。
　3.　償却済の有形固定資産は、除却されるまで残存価額又は備忘価額で記載する。

第26　無形固定資産の評価
　無形固定資産については、当該資産の取得原価から減価償却累計額を控除した未償却残高を貸借対照表価額とする。(注11)

第27　負債の貸借対照表価額
　貸借対照表に記載する負債の価額は、原則として、過去の収入額又は合理的な将来の支出見込額を基礎として計上しなければならない。(注16)

1. 買掛金、支払手形、その他金銭債務の貸借対照表価額は、契約に基づく将来の支出額とする。

2. 前受金等の貸借対照表価額は、過去の収入額を基礎とし、次期以降の期間に配分すべき金額とする。

3. 将来の特定の費用等に対応する引当金の貸借対照表価額は、合理的に見積もられた支出見込額とする。

4. 退職給付引当金については、将来の退職給付の総額のうち、貸借対照表日までに発生していると認められる額を算定し、貸借対照表価額とする。なお、退職給付総額には、退職一時金のほか年金給付が含まれる。(注14)

貸借対照表原則注解

(注9) 純資産の意義と分類について

　非営利を前提とする病院施設の会計においては、資産、負債差額を資本としてではなく、純資産と定義することが適切である。

　資産と負債の差額である純資産は、損益計算の結果以外の原因でも増減する。病院は施設会計であるため貸借対照表における純資産の分類は、開設主体の会計の基準、課税上の位置づけによって異なることになり、統一的な取り扱いをすることはできない。したがって、開設主体の会計基準の適用にあたっては、必要に応じて勘定科目を分類整理することになる。ただし、当期純利益又は当期純損失を内書し損益計算書とのつながりを明示しなければならない。

(注10) 流動資産又は流動負債と固定資産又は固定負債とを区別する基準について

1. 医業未収金（手形債権を含む）、前渡金、買掛金、支払手形、預り金等の当該病院の医業活動により発生した債権及び債務は、流動資産又は流動負債に属するものとする。ただし、これらの債権のうち、特別の事情によって1年以内に回収されないことが明らかなものは、固定資産に属するものとする。

2. 貸付金、借入金、当該病院の医業活動外の活動によって発生した未収金、未払金等の債権及び債務で、貸借対照表日の翌日から起算して1年以内に入金又は支払の期限が到来するものは、流動資産又は流動負債に属するものとし、入金又は支払の期限が1年を超えて到来するものは、固定資産又は固定負債に属するものとする。

3. 現金及び預金は、原則として流動資産に属するが、預金については貸借対照表日

の翌日から起算して1年以内に期限が到来するものは、流動資産に属するものとし、期限が1年を超えて到来するものは、固定資産に属するものとする。

4. 所有有価証券のうち、売買目的有価証券及び1年内に満期の到来する有価証券は流動資産に属するものとし、それ以外の有価証券は固定資産に属するものとする。

5. 前払費用については、貸借対照表日の翌日から起算して1年以内に費用となるものは、流動資産に属するものとし、1年を超える期間を経て費用となるものは、固定資産に属するものとする。未収収益は流動資産に属するものとし、未払費用及び前受収益は、流動負債に属するものとする。

6. 医薬品、診療材料、給食用材料、貯蔵品等のたな卸資産は、流動資産に属するものとし、病院がその医業目的を達成するために所有し、かつ短期的な費消を予定しない財貨は、固定資産に属するものとする。

(注11) ソフトウェアについて

1. 当該病院が開発し販売するソフトウェアの制作費のうち、研究開発が終了する時点までの原価は期間費用としなければならない。

2. 当該病院が開発し利用するソフトウェアについては、適正な原価を計上した上、その制作費を無形固定資産として計上しなければならない。

3. 医療用器械備品等に組み込まれているソフトウェアの取得に要した費用については、当該医療用器械備品等の取得原価に含める。

(注12) リース資産の会計処理について

リース取引はファイナンス・リース取引とオペレーティング・リース取引に区分し、ファイナンス・リース取引については、通常の売買取引に係る方法に準じて会計処理を行う。

(注13) 引当金について

将来の特定の費用又は損失であって、その発生が当期以前の事象に起因し、発生の可能性が高く、かつ、その金額を合理的に見積ることができる場合には、当期の負担に属する金額を当期の費用又は損失として引当金に繰入れ、当該引当金の残高を貸借対照表の負債の部又は資産の部に記載するものとする。

（注14）退職給付の総額のうち、貸借対照表日までに発生していると認められる額について

　退職給付の総額のうち、貸借対照表日までに発生していると認められる額は、退職給付見込額について全勤務期間で除した額を各期の発生額とする方法その他従業員の勤務の対価を合理的に反映する方法を用いて計算しなければならない。

（注15）補助金の収益化について

　補助金については、非償却資産の取得に充てられるものを除き、これを負債の部に記載し、業務の進行に応じて収益に計上する。収益化を行った補助金は、医業外収益の区分に記載する。

（注16）外貨建資産及び負債について

1.　外貨建資産及び負債については、原則として、決算時の為替相場による円換算額をもって貸借対照表価額とする。
2.　重要な資産又は負債が外貨建であるときは、その旨を注記しなければならない。

（注17）有価証券の評価基準について

　有価証券については、売買目的有価証券、満期保有目的の債券、その他有価証券に区分し、次のように評価を行う。

1.　売買目的有価証券は、時価で評価し、評価差額は損益計算書に計上する。
2.　満期保有目的の債券は、取得原価をもって貸借対照価額とする。ただし、債券を債券金額より低い価額又は高い価額で取得した場合においては、取得価額と債券金額との差額の性格が金利の調整と認められるときは、償却原価法に基づいて算定された価額をもって貸借対照表価額としなければならない。償却原価法とは、債券を債券金額より低い価額又は高い価額で取得した場合において、当該差額に相当する金額を償還期に至るまで毎期一定の方法で貸借対照表価額に加減する方法をいう。なお、この場合には、当該加減額を受取利息に含めて処理する。
3.　その他有価証券は時価で評価し、評価差額は、貸借対照表上、純資産の部に計上するとともに、翌期首に取得原価に洗い替えなければならない。

　なお、満期保有目的の債券及びその他有価証券のうち市場価格のあるものについて時価が著しく下落したときは、回復する見込みがあると認められる場合を除き、時価を

もって貸借対照表価額とし、評価差額は当期の費用として計上しなければならない。

（注18）満期保有目的の債券とその他有価証券との区分について

1. その他有価証券とは、売買目的有価証券、満期保有目的の債券以外の有価証券であり、長期的な時価の変動により利益を得ることを目的として保有する有価証券や、政策的な目的から保有する有価証券が含まれることになる。

2. 余裕資金等の運用として、利息収入を得ることを主たる目的として保有する国債、地方債、政府保証債、その他の債券であって、長期保有の意思をもって取得した債券は、資金繰り等から長期的には売却の可能性が見込まれる債券であっても、満期保有目的の債券に含めるものとする。

貸 借 対 照 表

平成×年×月×日

科　　　目	金	額
（資産の部）		
Ⅰ　流　動　資　産		
現金及び預金	×××	
医業未収金	×××	
未収金	×××	
有価証券	×××	
医薬品	×××	
診療材料	×××	
給食用材料	×××	
貯蔵品	×××	
前渡金	×××	
前払費用	×××	
未収収益	×××	
短期貸付金	×××	
役員従業員短期貸付金	×××	
他会計短期貸付金	×××	
その他の流動資産	×××	
貸倒引当金	△×××	
流動資産合計		×××
Ⅱ　固　定　資　産		
1　有形固定資産		
建物	×××	
構築物	×××	
医療用器械備品	×××	
その他の器械備品	×××	
車両及び船舶	×××	
放射性同位元素	×××	
その他の有形固定資産	×××	
土地	×××	
建設仮勘定	×××	
減価償却累計額	△×××	
有形固定資産合計	×××	

科　　　目	金　　　額	
2　無形固定資産		
借地権	×××	
ソフトウェア	×××	
その他の無形固定資産	×××	
無形固定資産合計	×××	
3　その他の資産		
有価証券	×××	
長期貸付金	×××	
役員従業員長期貸付金	×××	
他会計長期貸付金	×××	
長期前払費用	×××	
その他の固定資産	×××	
貸倒引当金	△×××	
その他の資産合計	×××	
固定資産合計		×××
資産合計		×××

科　　　目	金　　　額	
（負債の部）		
Ⅰ　流動負債		
買掛金	×××	
支払手形	×××	
未払金	×××	
短期借入金	×××	
役員従業員短期借入金	×××	
他会計短期借入金	×××	
未払費用	×××	
前受金	×××	
預り金	×××	
従業員預り金	×××	
前受収益	×××	
賞与引当金	×××	
その他の流動負債	×××	
流動負債合計		×××
Ⅱ　固定負債		
長期借入金	×××	

役員従業員長期借入金	×××	
他会計長期借入金	×××	
長期未払金	×××	
退職給付引当金	×××	
長期前受補助金	×××	
その他の固定負債	×××	
固定負債合計		×××
負債合計		×××

（純資産の部）

Ⅰ　純 資 産 額 　　　　　　　　　　　　　　　　　　　×××

　（うち、当期純利益又は当期純損失）　　　　　　　　（×××）

純資産合計		×××
負債及び純資産合計		×××

第4章　損益計算書原則

第28　損益計算書の作成目的

　損益計算書は、病院の運営状況を明らかにするために、一会計期間に属するすべての収益とこれに対応するすべての費用とを記載して当期純利益を表示しなければならない。

第29　収益の定義

　収益とは、施設としての病院における医業サービスの提供、医業サービスの提供に伴う財貨の引渡し等の病院の業務に関連して資産の増加又は負債の減少をもたらす経済的便益の増加である。（注19）

第30　費用の定義

　費用とは、施設としての病院における医業サービスの提供、医業サービスの提供に伴う財貨の引渡し等の病院の業務に関連して資産の減少又は負債の増加をもたらす経済的便益の減少である。（注19）

第31　損益計算書の区分

　損益計算書には、医業損益計算、経常損益計算及び純損益計算の区分を設けなければならない。

1. 医業損益計算の区分は、医業活動から生ずる費用及び収益を記載して、医業利益を計算する。（注20）（注22）

2. 経常損益計算の区分は、医業損益計算の結果を受けて、受取利息、有価証券売却益、運営費補助金収益、施設設備補助金収益、患者外給食収益、支払利息、有価証券売却損、患者外給食用材料費、診療費減免額等、医業活動以外の原因から生ずる収益及び費用であって経常的に発生するものを記載し、経常利益を計算する。

3. 純損益計算の区分は、経常損益計算の結果を受けて、固定資産売却損益、災害損失等の臨時損益を記載し、当期純利益を計算する。

第32　発生主義の原則

　すべての費用及び収益は、その支出及び収入に基づいて計上し、その発生した期間に

正しく割当てられるように処理しなければならない。ただし、未実現収益は原則として、当期の損益計算に計上してはならない。

　前払費用及び前受収益は、これを当期の損益計算から除去し、未払費用及び未収収益は、当期の損益計算に計上しなければならない。（注21）

第33　総額主義の原則

　費用及び収益は、原則として、各収益項目とそれに関連する費用項目とを総額によって対応表示しなければならない。費用の項目と収益の項目とを直接に相殺することによってその全部又は一部を損益計算書から除去してはならない。

第34　費用収益対応の原則

　費用及び収益は、その発生源泉に従って明瞭に分類し、各収益項目とそれに関連する費用項目とを損益計算書に対応表示しなければならない。

第35　医業利益

　医業損益計算は、一会計期間に属する入院診療収益、室料差額収益、外来診療収益等の医業収益から、材料費、給与費、経費等の医業費用を控除して医業利益を表示する。

　　1.　医業収益は、入院診療収益、室料差額収益、外来診療収益、保健予防活動収益、受託検査・施設利用収益及びその他の医業収益等に区分して表示する。

　　2.　医業費用は、材料費、給与費、委託費、設備関係費、研究研修費、経費、控除対象外消費税等負担額に区分して表示する。なお、病院の開設主体が本部会計を独立会計単位として設置している場合、本部費として各施設に配賦する内容は医業費用として計上されるものに限定され、項目毎に適切な配賦基準を用いて配賦しなければならない。なお、本部費配賦額を計上する際には、医業費用の区分の末尾に本部費配賦額として表示するとともに、その内容及び配賦基準を附属明細表に記載するものとする。（注22）（注23）

　　3.　医業収益は、実現主義の原則に従い、医業サービスの提供によって実現したものに限る。

第36　経常損益計算

　経常損益計算は、受取利息及び配当金、有価証券売却益、患者外給食収益、運営費補

助金収益、施設設備補助金収益等の医業外収益と、支払利息、有価証券売却損、患者外給食用材料費、診療費減免額等の医業外費用とに区分して表示する。

第37　経常利益

経常利益は、医業利益に医業外収益を加え、これから医業外費用を控除して表示する。

第38　純損益計算

純損益計算は、固定資産売却益等の臨時収益と、固定資産売却損、固定資産除却損、資産に係る控除対象外消費税等負担額、災害損失等の臨時費用とに区分して表示する。（注22）

第39　税引前当期純利益

税引前当期純利益は、経常利益に臨時収益を加え、これから臨時費用を控除して表示する。

第40　当期純利益

当期純利益は、税引前当期純利益から当期の負担に属する法人税額等を控除して表示する。当期の負担に属する法人税額等は、税効果を加味して当期純利益が負担すべき額を計上するものとする。（注24）

損益計算書原則注解

（注19）資本取引について

収益または費用に含まれない資本取引には、開設主体外部又は同一開設主体の他の施設からの資金等の授受のうち負債の増加又は減少を伴わない取引、その他有価証券の評価替え等が含まれる。

（注20）医業損益計算について

医業において、診療、看護サービス等の提供と医薬品、診療材料等の提供は、ともに病院の医業サービスを提供するものとして一体的に認識する。このため、材料費、給与費、設備関係費、経費等は医業収益に直接的に対応する医業費用として、これを医業収

益から控除し、さらに本部会計を設置している場合には、本部費配賦額を控除して医業利益を表示する。

（注21）経過勘定項目について

1. 前　払　費　用

　　前払費用は、一定の契約に従い、継続して役務の提供を受ける場合、いまだ提供されていない役務に対し支払われた対価をいう。

　　すなわち、火災保険料、賃借料等について一定期間分を前払した場合に、当期末までに提供されていない役務に対する対価は、時間の経過とともに次期以降の費用となるものであるから、これを当期の損益計算から除去するとともに貸借対照表の資産の部に計上しなければならない。前払費用はかかる役務提供契約以外の契約等による前払金とは区別しなければならない。

2. 前　受　収　益

　　前受収益は、一定の契約に従い、継続して役務の提供を行う場合、いまだ提供していない役務に対し支払いを受けた対価をいう。

　　すなわち、受取利息、賃貸料等について一定期間分を予め前受した場合に、当期末までに提供していない役務に対する対価は時間の経過とともに次期以降の収益となるものであるから、これを当期の損益計算から除去するとともに貸借対照表の負債の部に計上しなければならない。前受収益はかかる役務提供契約以外の契約等による前受金とは区別しなければならない。

3. 未　払　費　用

　　未払費用は、一定の契約に従い、継続して役務の提供を受ける場合、すでに提供された役務に対して、いまだその対価の支払いが終わらないものをいう。

　　すなわち、支払利息、賃借料、賞与等について、債務としてはまだ確定していないが当期末までにすでに提供された役務に対する対価は、時間の経過に伴いすでに当期の費用として発生しているものであるから、これを当期の損益計算に計上するとともに貸借対照表の負債の部に計上しなければならない。また、未払費用はかかる役務提供契約以外の契約等による未払金とは区別しなければならない。

4. 未　収　収　益

　　未収収益は、一定の契約に従い、継続して役務の提供を行う場合、すでに提供した役務に対して、いまだその対価の支払いを受けていないものをいう。

205

すなわち、受取利息、賃貸料等について、債権としてはまだ確定していないが、当期末までにすでに提供した役務に対する対価は、時間の経過に伴いすでに当期の収益として発生しているものであるから、これを当期の損益計算に計上するとともに貸借対照表の資産の部に計上しなければならない。また、未収収益はかかる役務提供契約以外の契約等による未収金とは区別しなければならない。

(注22)　控除対象外消費税等負担額について

　　消費税等の納付額は、開設主体全体で計算される。病院施設においては開設主体全体で計算された控除対象外消費税等のうち、当該病院の費用等部分から発生した金額を医業費用の控除対象外消費税等負担額とし、当該病院の資産取得部分から発生した金額のうち多額な部分を臨時費用の資産に係る控除対象外消費税等負担額として計上するものとする。

(注23)　本部費の配賦について

　　病院が本部を独立の会計単位として設置するか否かは、各病院の裁量によるが、本部会計を設置している場合には、医業利益を適正に算定するため、医業費用に係る本部費について適切な基準によって配賦を行うことが不可欠である。したがって、この場合には、医業費用の性質に応じて適切な配賦基準を用いて本部費の配賦を行い、その内容を附属明細表に記載しなければならない。

(注24)　当期純利益について

　　開設主体が課税対象法人である場合には、納付すべき税額は、開設主体全体で計算される。したがって、当期の法人税額等として納付すべき額に税効果会計適用によって計算された税金等調整額を加減した金額のうち、当該病院の利益から発生した部分の金額を、法人税、住民税及び事業税負担額として計上するものとする。

損 益 計 算 書

自　平成×年×月×日　至　　平成×年×月×日

科　　目		金　　額	
I　医業収益			
1　入院診療収益		×××	
2　室料差額収益		×××	
3　外来診療収益		×××	
4　保健予防活動収益		×××	
5　受託検査・施設利用収益		×××	
6　その他の医業収益		×××	
合計		×××	
7　保険等査定減		×××	×××
II　医業費用			
1　材料費			
（1）　医薬品費	×××		
（2）　診療材料費	×××		
（3）　医療消耗器具備品費	×××		
（4）　給食用材料費	×××	×××	
2　給与費			
（1）　給料	×××		
（2）　賞与	×××		
（3）　賞与引当金繰入額	×××		
（4）　退職給付費用	×××		
（5）　法定福利費	×××	×××	
3　委託費			
（1）　検査委託費	×××		
（2）　給食委託費	×××		
（3）　寝具委託費	×××		
（4）　医事委託費	×××		
（5）　清掃委託費	×××		
（6）　保守委託費	×××		
（7）　その他の委託費	×××	×××	
4　設備関係費			
（1）　減価償却費	×××		
（2）　器機賃借料	×××		

（3）	地代家賃	×××	
（4）	修繕費	×××	
（5）	固定資産税等	×××	
（6）	器機保守料	×××	
（7）	器機設備保険料	×××	
（8）	車両関係費	×××	×××

5　研究研修費

（1）	研究費	×××	
（2）	研修費	×××	×××

6　経費

（1）	福利厚生費	×××	
（2）	旅費交通費	×××	
（3）	職員被服費	×××	
（4）	通信費	×××	
（5）	広告宣伝費	×××	
（6）	消耗品費	×××	
（7）	消耗器具備品費	×××	
（8）	会議費	×××	
（9）	水道光熱費	×××	
（10）	保険料	×××	
（11）	交際費	×××	
（12）	諸会費	×××	
（13）	租税公課	×××	
（14）	医業貸倒損失	×××	
（15）	貸倒引当金繰入額	×××	
（16）	雑費	×××	×××

7	控除対象外消費税等負担額		×××
8	本部費配賦額		×××	×××
	医業利益（又は医業損失）			×××

Ⅲ　**医業外収益**

1	受取利息及び配当金		×××
2	有価証券売却益		×××
3	運営費補助金収益		×××
4	施設設備補助金収益		×××
5	患者外給食収益		×××

	6	その他の医業外収益	×××	×××
Ⅳ	**医業外費用**			
	1	支払利息	×××	
	2	有価証券売却損	×××	
	3	患者外給食用材料費	×××	
	4	診療費減免額	×××	
	5	医業外貸倒損失	×××	
	6	貸倒引当金医業外繰入額	×××	
	7	その他の医業外費用	×××	×××
		経常利益（又は経常損失）		×××
Ⅴ	**臨 時 収 益**			
	1	固定資産売却益	×××	
	2	その他の臨時収益	×××	×××
Ⅵ	**臨 時 費 用**			
	1	固定資産売却損	×××	
	2	固定資産除却損	×××	
	3	資産に係る控除対象外消費税等負担額	×××	
	4	災害損失	×××	
	5	その他の臨時費用	×××	×××
		税引前当期純利益		×××
		（又は税引前当期純損失）		
		法人税、住民税及び事業税負担額		×××
		当期純利益（又は当期純損失）		×××

病院会計準則〔改正版〕

付

第5章 キャッシュ・フロー計算書原則

第41 キャッシュ・フロー計算書の作成目的

　キャッシュ・フロー計算書は、病院の資金の状況を明らかにするために、活動内容に従い、一会計期間に属するすべての資金の収入と支出の内容を記載して、その増減の状況を明らかにしなければならない。

第42 資金の範囲

　キャッシュ・フロー計算書が対象とする資金の範囲は、現金及び要求払預金並びに現金同等物（以下「現金等」という。）とする。（注25）（注26）

第43 キャッシュ・フロー計算書の区分

　キャッシュ・フロー計算書には、「業務活動によるキャッシュ・フロー」、「投資活動によるキャッシュ・フロー」及び「財務活動によるキャッシュ・フロー」の区分を設けなければならない。（注27）

1. 「業務活動によるキャッシュ・フロー」の区分には、医業損益計算の対象となった取引のほか、投資活動及び財務活動以外の取引によるキャッシュ・フローを記載する。

2. 「投資活動によるキャッシュ・フロー」の区分には、固定資産の取得及び売却、施設設備補助金の受入による収入、現金同等物に含まれない短期投資の取得及び売却等によるキャッシュ・フローを記載する。

3. 「財務活動によるキャッシュ・フロー」の区分には、資金の調達及び返済によるキャッシュ・フローを記載する。

第44 受取利息、受取配当金及び支払利息に係るキャッシュ・フロー

　受取利息、受取配当金及び支払利息に係るキャッシュ・フローは、「業務活動によるキャッシュ・フロー」の区分に記載しなければならない。（注28）

第45 表示方法

　「業務活動によるキャッシュ・フロー」は次のいずれかの方法により表示しなければならない。（注29）

1. 主要な取引ごとにキャッシュ・フローを総額表示する方法（以下、「直接法」という。）
2. 税引前当期純利益に非資金損益項目、営業活動に係る資産及び負債の増減、「投資活動によるキャッシュ・フロー」及び「財務活動によるキャッシュ・フロー」の区分に含まれる損益項目を加減して表示する方法（以下、「間接法」という。）

第46 総額表示

「投資活動によるキャッシュ・フロー」及び「財務活動によるキャッシュ・フロー」は、主要な取引ごとにキャッシュ・フローを総額表示しなければならない。（注29）（注30）

第47 現金等に係る換算差額

現金等に係る換算差額が発生した場合は、他と区分して表示する。

第48 注記事項

キャッシュ・フロー計算書には、次の事項を注記しなければならない。
1. 資金の範囲に含めた現金等の内容及びその期末残高の貸借対照表科目別の内訳
2. 重要な非資金取引
3. 各表示区分の記載内容を変更した場合には、その内容

キャッシュ・フロー計算書注解

（注25）要求払預金について

要求払預金には、例えば、当座預金、普通預金、通知預金及びこれらの預金に相当する郵便貯金が含まれる。

（注26）現金同等物について

現金同等物とは、容易に換金可能であり、かつ、価値の変動について僅少なリスクしか負わない短期投資であり、例えば、取得日から満期日又は償還日までの期間が三ヶ月以内の短期投資である定期預金、譲渡性預金、コマーシャル・ペーパー、売戻し条件付

現先、公社債投資信託が含まれる。

（注 27）同一開設主体の他の施設（他会計）との取引について

　同一開設主体の他の施設（他会計）との取引に係るキャッシュ・フローについては、当該取引の実態に照らして独立した科目により適切な区分に記載しなければならない。

（注 28）利息の表示について

　利息の受取額及び支払額は、総額で表示するものとする。

（注 29）キャッシュ・フロー計算書の様式及び項目について

　キャッシュ・フロー計算書の標準的な様式及び各区分における代表的な項目は、様式例（「業務活動によるキャッシュ・フロー」を「直接法」により表示する場合）及び様式例（「業務活動によるキャッシュ・フロー」を「間接法」により表示する場合）のとおりである。

（注 30）純額表示について

　期間が短く、かつ、回転が早い項目に係るキャッシュ・フローについては、純額で表示することができる。

キャッシュ・フロー計算書

自　平成×年×月×日　至　平成×年×月×日

区　　　分	金　　額
Ⅰ　**業務活動によるキャッシュ・フロー**	
医業収入	×××
医療材料等の仕入支出	△×××
給与費支出	△×××
委託費支出	△×××
設備関係費支出	△×××
運営費補助金収入	×××
………	×××
小計	×××
利息及び配当金の受取額	×××
利息の支払額	△×××
………	△×××
………	×××
業務活動によるキャッシュ・フロー	×××
Ⅱ　**投資活動によるキャッシュ・フロー**	
有価証券の取得による支出	△×××
有価証券の売却による収入	×××
有形固定資産の取得による支出	△×××
有形固定資産の売却による収入	×××
施設設備補助金の受入れによる収入	×××
貸付けによる支出	△×××
貸付金の回収による収入	×××
………	×××
投資活動によるキャッシュ・フロー	×××
Ⅲ　**財務活動によるキャッシュ・フロー**	
短期借入れによる収入	×××
短期借入金の返済による支出	△×××
長期借入れによる収入	×××
長期借入金の返済による支出	△×××
………	×××
財務活動によるキャッシュ・フロー	×××
Ⅳ　**現金等の増加額（又は減少額）**	×××
Ⅴ　**現金等の期首残高**	×××
Ⅵ　**現金等の期末残高**	×××

（様式例）「業務活動によるキャッシュ・フロー」を「間接法」により表示する場合

キャッシュ・フロー計算書

自　平成×年×月×日　至　平成×年×月×日

区　　　分	金　　　額
Ⅰ　**業務活動によるキャッシュ・フロー**	
税引前当期純利益	××××
減価償却費	××××
退職給付引当金の増加額	××××
貸倒引当金の増加額	××××
施設設備補助金収益	△××××
受取利息及び配当金	△××××
支払利息	××××
有価証券売却益	△××××
固定資産売却益	△××××
医業債権の増加額	△××××
たな卸資産の増加額	△××××
仕入債務の増加額	××××
………	××××
小計	××××
利息及び配当金の受取額	××××
利息の支払額	△××××
………	△××××
………	××××
業務活動によるキャッシュ・フロー	××××
Ⅱ　**投資活動によるキャッシュ・フロー**	
有価証券の取得による支出	△××××
有価証券の売却による収入	××××
有形固定資産の取得による支出	△××××
有形固定資産の売却による収入	××××
施設設備補助金の受入れによる収入	××××
貸付けによる支出	△××××
貸付金の回収による収入	××××
………	××××
投資活動によるキャッシュ・フロー	××××
Ⅲ　**財務活動によるキャッシュ・フロー**	
短期借入れによる収入	××××
短期借入金の返済による支出	△××××
長期借入れによる収入	××××
長期借入金の返済による支出	△××××
………	××××
財務活動によるキャッシュ・フロー	××××
Ⅳ　**現金等の増加額（又は減少額）**	××××
Ⅴ　**現金等の期首残高**	××××
Ⅵ　**現金等の期末残高**	××××

214

第6章　附属明細表原則

第49　附属明細表の作成目的

　附属明細表は、貸借対照表、損益計算書及びキャッシュ・フロー計算書の記載を補足する重要な事項について、その内容、増減状況等を明らかにするものでなければならない。

第50　附属明細表の種類

　附属明細表の種類は、次に掲げるとおりとする。

1.　純資産明細表
2.　固定資産明細表
3.　貸付金明細表
4.　借入金明細表
5.　引当金明細表
6.　補助金明細表
7.　資産につき設定している担保権の明細表
8.　給与費明細表
9.　本部費明細表

附 属 明 細 表

1. 純資産明細表

項　　　目	期 首 残 高	当期増加額	当期減少額	当期純利益 又　　は 当期純損失	期 末 残 高
純 資 産 額					

（記載上の注意）

　純資産明細表には、純資産の期首残高、当期増加額、当期減少額及び期末残高について記載する。なお、当期における増加額及び減少額は、当期純利益及び当期純損失を区分して記載する。また、当期純利益又は当期純損失以外の増加額及び減少額は、その内容を注記する。

2. 固定資産明細表

資産の種類	期首 残高	当　期 増加額	当　期 減少額	期末 残高	減価償却累計額又は		差引 期末 残高	摘要
					償却累計額	当期償却額		
有形固定資産								
計								
無形固定資産								
計								
その他資産								
計								

（記載上の注意）

　固定資産明細表には、有形固定資産、無形固定資産及びその他の資産（長期貸付金を除く。）について資産の種類ごとに期首残高、当期増加額、当期減少額、期末残高、減価償却累計額及び当期償却額、差引期末残高の明細を記載する。

3. 貸付金明細表

（1）　長期貸付金明細表

貸　付　先	期　首　残　高	当期増加額	当期減少額	期　末　残　高 （うち１年内返済予定額）
				（　　　　　　　　　）
				（　　　　　　　　　）
				（　　　　　　　　　）
計				（　　　　　　　　　）

（2）　短期貸付金明細表

貸　付　先	期　首　残　高	期　末　残　高	増　減　額
１年内返済予定の 長期貸付金			
計			

（記載上の注意）
　貸付金明細表には、長期貸付金及び短期貸付金に区分し、長期貸付金は貸付先（役員従業員、他会計を含む）ごとに期首残高、当期増加額、当期減少額及び期末残高の明細を、短期貸付金は貸付先ごとに期首残高、期末残高の明細を記載する。

4. 借入金明細表

（1） 長期借入金明細表

借　入　先	期　首　残　高	当期増加額	当期減少額	期　末　残　高 （うち１年内返済予定額）
				（　　　　　　　　　）
				（　　　　　　　　　）
				（　　　　　　　　　）
計				（　　　　　　　　　）

（2） 短期借入金明細表

借　入　先	期　首　残　高	期　末　残　高	増　減　額
１年内返済予定の 長期借入金			
計			

（記載上の注意）

　　借入金明細表には、長期借入金と短期借入金に区分し、長期借入金は借入先（役員従業員、他会計を含む）ごとに期首残高、当期増加額、当期減少額及び期末残高の明細を、短期借入金は借入先（役員従業員、他会計を含む）ごとに期首残高、期末残高の明細を記載する。

5. 引当金明細表

区　　　分	期首残高	当期増加額	当期減少額		期末残高	摘　要
			目的使用	そ　の　他		

（記載上の注意）

　引当金明細表には、引当金の種類ごとに、期首残高、当期増加額、当期減少額及び期末残高の明細を記載する。目的使用以外の要因による減少額については、その内容及び金額を注記する。

6. 補助金明細表

種　　　類		交　付　元	収　入　総　額	当期収益額	負債計上額	補助金交付基準の概要
施設設備						
	小　計					
運営費						
	小　計					
	計					

（記載上の注意）

　補助金明細表には、交付の目的が施設設備の取得の補助に係るものと運営費の補助に係るものとに区分し、交付の種類及び交付元ごとに、補助総額、当期収益計上額、負債計上額等の明細を記載する。なお、非償却資産の取得のために交付を受けた補助金はその内容及び金額を注記する。

7. 資産につき設定している担保権明細表

担保に供している資産			担保権によって担保されている債務	
種　　　類	期末帳簿価額	担保権の種類	内　　　容	期 末 残 高
計			計	

（記載上の注意）
　　資産につき設定している担保権の明細表には、担保に供している資産の種類ごとに当期末における帳簿価額、担保権の種類、担保権によって担保されている債務の内容及び残高の明細を記載する。

8. 給与費明細表

	給　料	賞　与	賞与引当金繰入額	退職給付費　用	小　計	法　定福利費	計
医　　　　師							
看　護　師							
理学療法士又　　　は作業療法士							
医療技術員							
事　務　員							
技能労務員							
そ　の　他							
計							

（記載上の注意）
　　給与費明細表には、職種ごとに当期における給料、賞与、退職給付費用等の明細を記載する。

9. 本部費明細表

項　　　目	本　部　費	当病院への配賦額	配　賦　基　準
計			

（記載上の注意）

　本部費明細表には、設定された配賦基準を適用する項目ごとに当期における本部費
及び当病院への配賦額を記載する。

別表　勘定科目の説明

　勘定科目は、日常の会計処理において利用される会計帳簿の記録計算単位である。したがって、最終的に作成される財務諸表の表示科目と必ずしも一致するものではない。なお、経営活動において行う様々な管理目的及び租税計算目的等のために、必要に応じて同一勘定科目をさらに細分類した補助科目を設定することもできる。

資産・負債の部

区　分	勘定科目	説　　　明
資産の部		
流動資産		
	現金	現金、他人振出当座小切手、送金小切手、郵便振替小切手、送金為替手形、預金手形（預金小切手）、郵便為替証書、郵便振替貯金払出証書、期限到来公社債利札、官庁支払命令書等の現金と同じ性質をもつ貨幣代用物及び小口現金など
	預金	当座預金、普通預金、通知預金、定期預金、定期積金、郵便貯金、郵便振替貯金、外貨預金、金銭信託その他金融機関に対する各種掛金など。ただし、契約期間が1年を超えるものは「その他の資産」に含める。
	医業未収金	医業収益に対する未収入金（手形債権を含む）
	未収金	医業収益以外の収益に対する未収入金（手形債権を含む）
	有価証券	国債、地方債、株式、社債、証券投資信託の受益証券などのうち時価の変動により利益を得ることを目的とする売買目的有価証券
	医薬品	医薬品（医業費用の医薬品費参照）のたな卸高
	診療材料	診療材料（医業費用の診療材料費参照）のたな卸高
	給食用材料	給食用材料（医業費用の給食用材料費及び医業外給食用材料費参照）のたな卸高
	貯蔵品	（ア）　医療消耗器具備品（医業費用の医療消耗器具備品費参照）のたな卸高 （イ）　その他の消耗品及び消耗器具備品（医業費用の消耗品費及び消耗器具備品費参照）のたな卸高

	前渡金	諸材料、燃料の購入代金の前渡額、修繕代金の前渡額、その他これに類する前渡額
	前払費用	火災保険料、賃借料、支払利息など時の経過に依存する継続的な役務の享受取引に対する前払分のうち未経過分の金額（ただし、1年を超えて費用化するものは除く）
	未収収益	受取利息、賃貸料など時の経過に依存する継続的な役務提供取引において既に役務の提供は行ったが、会計期末までに法的にその対価の支払請求を行えない分の金額
	短期貸付金	金銭消費貸借契約等に基づき開設主体の外部に対する貸付取引のうち当初の契約において1年以内に受取期限の到来するもの
	役員従業員短期貸付金	役員、従業員に対する貸付金のうち当初の契約において1年以内に受取期限の到来するもの
	他会計短期貸付金	他会計、本部などに対する貸付金のうち当初の契約において1年以内に受取期限の到来するもの
	その他の流動資産	立替金、仮払金など前掲の科目に属さない債権等であって、1年以内に回収可能なもの。ただし、金額の大きいものについては独立の勘定科目を設けて処理することが望ましい。
	貸倒引当金	医業未収金、未収金、短期貸付金などの金銭債権に関する取立不能見込額の引当額
固定資産	（有形固定資産）	
	建物	（ア）　診療棟、病棟、管理棟、職員宿舎など病院に属する建物 （イ）　電気、空調、冷暖房、昇降機、給排水など建物に附属する設備
	構築物	貯水池、門、塀、舗装道路、緑化施設など建物以外の工作物及び土木設備であって土地に定着したもの
	医療用器械備品	治療、検査、看護など医療用の器械、器具、備品など（ファイナンス・リース契約によるものを含む）
	その他器械備品	その他前掲に属さない器械、器具、備品など（ファイナンス・リース契約によるものを含む）
	車両及び船舶	救急車、検診車、巡回用自動車、乗用車、船舶など（ファイナンス・リース契約によるものを含む）

	放射性同位元素	診療用の放射性同位元素
	その他の有形固定資産	立木竹など前掲の科目に属さないもの。ただし、金額の大きいものについては独立の勘定科目を設けて処理することが望ましい。
	土地	病院事業活動のために使用している土地
	建設仮勘定	有形固定資産の建設、拡張、改造などの工事が完了し稼動するまでに発生する請負前渡金、建設用材料部品の買入代金など
	減価償却累計額	土地及び建設仮勘定以外の有形固定資産について行った減価償却累計額
	(無形固定資産)	
	借地権	建物の所有を目的とする地上権及び賃借権などの借地法上の借地権で対価をもって取得したもの
	ソフトウェア	コンピュータソフトウェアに係る費用で、外部から購入した場合の取得に要した費用ないしは制作費用のうち研究開発費に該当しないもの
	その他の無形固定資産	電話加入権、給湯権、特許権など前掲の科目に属さないもの。ただし、金額の大きいものについては独立の勘定科目を設けて処理することが望ましい。
	(その他の資産)	
	有価証券	国債、地方債、株式、社債、証券投資信託の受益証券などのうち満期保有目的の債券、その他有価証券及び市場価格のない有価証券
	長期貸付金	金銭消費貸借契約等に基づき開設主体の外部に対する貸付取引のうち、当初の契約において1年を超えて受取期限の到来するもの
	役員従業員長期貸付金	役員、従業員に対する貸付金のうち当初の契約において1年を超えて受取期限の到来するもの
	他会計長期貸付金	他会計、本部などに対する貸付金のうち当初の契約において1年を超えて受取期限の到来するもの
	長期前払費用	時の経過に依存する継続的な役務の享受取引に対する前払分で1年を超えて費用化される未経過分の金額

	その他の固定資産	関係団体に対する出資金、差入保証金など前掲の科目に属さないもの。ただし、金額の大きいものについては独立の勘定科目を設けて処理することが望ましい。
	貸倒引当金	長期貸付金などの金銭債権に関する取立不能見込額の引当額
負債の部		
流動負債		
	買掛金	医薬品、診療材料、給食用材料などたな卸資産に対する未払債務
	支払手形	手形上の債務。ただし、金融手形は短期借入金又は長期借入金に含める。又、建物設備等の購入取引によって生じた債務は独立の勘定科目を設けて処理する。
	未払金	器械、備品などの償却資産及び医業費用等に対する未払債務
	短期借入金	公庫、事業団、金融機関などの外部からの借入金で、当初の契約において1年以内に返済期限が到来するもの
	役員従業員短期借入金	役員、従業員からの借入金のうち当初の契約において1年以内に返済期限が到来するもの
	他会計短期借入金	他会計、本部などからの借入金のうち当初の契約において1年以内に返済期限が到来するもの
	未払費用	賃金、支払利息、賃借料など時の経過に依存する継続的な役務給付取引において既に役務の給付は受けたが、会計期末までに法的にその対価の支払債務が確定していない分の金額
	前受金	医業収益の前受額、その他これに類する前受額
	預り金	入院預り金など従業員以外の者からの一時的な預り金
	従業員預り金	源泉徴収税額及び社会保険料などの徴収額等、従業員に関する一時的な預り金
	前受収益	受取利息、賃貸料など時の経過に依存する継続的な役務提供取引に対する前受分のうち未経過分の金額
	賞与引当金	支給対象期間に基づき定期に支給する従業員賞与に係る引当金

	その他の流動負債	仮受金など前掲の科目に属さない債務等であって、1年以内に期限が到来するもの。ただし、金額の大きいものについては独立の勘定科目を設けて処理することが望ましい。
固定負債		
	長期借入金	公庫、事業団、金融機関などの外部からの借入金で、当初の契約において1年を超えて返済期限が到来するもの
	役員従業員長期借入金	役員、従業員からの借入金のうち当初の契約において1年を超えて返済期限が到来するもの
	他会計長期借入金	他会計、本部などからの借入金のうち当初の契約において1年を超えて返済期限が到来するもの
	長期未払金	器械、備品など償却資産に対する未払債務（リース契約による債務を含む）のうち支払期間が1年を超えるもの。
	退職給付引当金	退職給付に係る会計基準に基づき従業員が提供した労働用益に対して将来支払われる退職給付に備えて設定される引当金
	長期前受補助金	償却資産の設備の取得に対して交付された補助金であり、取得した償却資産の毎期の減価償却費に対応する部分を取崩した後の未償却残高対応額。
	その他の固定負債	前掲の科目に属さない債務等であって、期間が1年を超えるもの。ただし、金額の大きいものについては独立の勘定科目を設けて処理することが望ましい。

損 益 の 部

区　分	勘定科目	説　　明
医業収益		
	入院診療収益	入院患者の診療、療養に係る収益（医療保険、公費負担医療、公害医療、労災保険、自動車損害賠償責任保険、自費診療、介護保険等）
	室料差額収益	特定療養費の対象となる特別の療養環境の提供に係る収益
	外来診療収益	外来患者の診療、療養に係る収益（医療保険、公費負担医療、公害医療、労災保険、自動車損害賠償責任保険、自費診療等）
	保健予防活動収益	各種の健康診断、人間ドック、予防接種、妊産婦保健指導等保健予防活動に係る収益
	受託検査・施設利用収益	他の医療機関から検査の委託を受けた場合の検査収益及び医療設備器機を他の医療機関の利用に供した場合の収益
	その他の医業収益	文書料等上記に属さない医業収益（施設介護及び短期入所療養介護以外の介護報酬を含む）
	保険等査定減	社会保険診療報酬支払基金などの審査機関による審査減額
医業費用		
	（材料費）	
	医薬品費	（ア）　投薬用薬品の費消額 （イ）　注射用薬品（血液、プラズマを含む）の費消額 （ウ）　外用薬、検査用試薬、造影剤など前記の項目に属さない薬品の費消額
	診療材料費	カテーテル、縫合糸、酸素、ギブス粉、レントゲンフイルム、など1回ごとに消費する診療材料の費消額
	医療消耗器具備品費	診療、検査、看護、給食などの医療用の器械、器具及び放射性同位元素のうち、固定資産の計上基準額に満たないもの、または1年内に消費するもの
	給食用材料費	患者給食のために使用した食品の費消額

	（給与費）	
	給料	病院で直接業務に従事する役員・従業員に対する給料、手当
	賞与	病院で直接業務に従事する従業員に対する確定済賞与のうち、当該会計期間に係る部分の金額
	賞与引当金繰入額	病院で直接業務に従事する従業員に対する翌会計期間に確定する賞与の当該会計期間に係る部分の見積額
	退職給付費用	病院で直接業務に従事する従業員に対する退職一時金、退職年金等将来の退職給付のうち、当該会計期間の負担に属する金額（役員であることに起因する部分を除く）
	法定福利費	病院で直接業務に従事する役員・従業員に対する健康保険法、厚生年金保険法、雇用保険法、労働者災害補償保険法、各種の組合法などの法令に基づく事業主負担額
	（委託費）	
	検査委託費	外部に委託した検査業務の対価としての費用
	給食委託費	外部に委託した給食業務の対価としての費用
	寝具委託費	外部に委託した寝具整備業務の対価としての費用
	医事委託費	外部に委託した医事業務の対価としての費用
	清掃委託費	外部に委託した清掃業務の対価としての費用
	保守委託費	外部に委託した施設設備に係る保守業務の対価としての費用。ただし、器機保守料に該当するものは除く。
	その他の委託費	外部に委託した上記以外の業務の対価としての費用。ただし、金額の大きいものについては、独立の科目を設ける。
	（設備関係費）	
	減価償却費	固定資産の計画的・規則的な取得原価の配分額
	器機賃借料	固定資産に計上を要しない器機等のリース、レンタル料
	地代家賃	土地、建物などの賃借料
	修繕費	有形固定資産に損傷、摩滅、汚損などが生じたとき、現状回復に要した通常の修繕のための費用

	固定資産税等	固定資産税、都市計画税等の固定資産の保有に係る租税公課。ただし、車両関係費に該当するものを除く。
	器機保守料	器機の保守契約に係る費用
	器機設備保険料	施設設備に係る火災保険料等の費用。ただし、車両関係費に該当するものは除く。
	車両関係費	救急車、検診車、巡回用自動車、乗用車、船舶などの燃料、車両検査、自動車損害賠償責任保険、自動車税等の費用
	（研究研修費）	
	研究費	研究材料（動物、飼料などを含む）、研究図書等の研究活動に係る費用
	研修費	講習会参加に係る会費、旅費交通費、研修会開催のために招聘した講師に対する謝金等職員研修に係る費用
	（経費）	
	福利厚生費	福利施設負担額、厚生費など従業員の福利厚生のために要する法定外福利費 （ア） 看護宿舎、食堂、売店など福利施設を利用する場合における事業主負担額 （イ） 診療、健康診断などを行った場合の減免額、その他衛生、保健、慰安、修養、教育訓練などに要する費用、団体生命保険料及び慶弔に際して一定の基準により支給される金品などの現物給与。 ただし、金額の大きいものについては、独立の科目を設ける。
	旅費交通費	業務のための出張旅費。ただし、研究、研修のための旅費を除く。
	職員被服費	従業員に支給又は貸与する白衣、予防衣、診察衣、作業衣などの購入、洗濯等の費用
	通信費	電信電話料、インターネット接続料、郵便料金など通信のための費用
	広告宣伝費	機関誌、広報誌などの印刷製本費、電飾広告等の広告宣伝に係る費用
	消耗品費	カルテ、検査伝票、会計伝票などの医療用、事務用の用紙、帳簿、電球、洗剤など1年内に消費するものの費消額。ただし、材料費に属するものを除く。

病院会計準則 [改正版]

	消耗器具備品費	事務用その他の器械、器具のうち、固定資産の計上基準額に満たないもの、または1年内に消費するもの
	会議費	運営諸会議など院内管理のための会議の費用
	水道光熱費	電気、ガス、水道、重油などの費用。ただし、車両関係費に該当するものは除く。
	保険料	生命保険料、病院責任賠償保険料など保険契約に基づく費用。ただし、福利厚生費、器機設備保険料、車両関係費に該当するものを除く。
	交際費	接待費及び慶弔など交際に要する費用。
	諸会費	各種団体に対する会費、分担金などの費用
	租税公課	印紙税、登録免許税、事業所税などの租税及び町会費などの公共的課金としての費用。ただし、固定資産税等、車両関係費、法人税・住民税及び事業税負担額、課税仕入れに係る消費税及び地方消費税相当部分に該当するものは除く。
	医業貸倒損失	医業未収金の徴収不能額のうち、貸倒引当金で填補されない部分の金額
	貸倒引当金繰入額	当該会計期間に発生した医業未収金のうち、徴収不能と見積もられる部分の金額
	雑費	振込手数料、院内託児所費、学生に対して学費、教材費などを負担した場合の看護師養成費など経費のうち前記に属さない費用。 ただし、金額の大きいものについては独立の科目を設ける。
	控除対象外消費税等負担額	病院の負担に属する控除対象外の消費税及び地方消費税。ただし、資産に係る控除対象外消費税に該当するものは除く。
	本部費配賦額	本部会計を設けた場合の、一定の配賦基準で配賦された本部の費用
医業外収益		
	受取利息及び配当金	預貯金、公社債の利息、出資金等に係る分配金
	有価証券売却益	売買目的等で所有する有価証券を売却した場合の売却益

	運営費補助金収益	運営に係る補助金、負担金
	施設設備補助金収益	施設設備に係る補助金、負担金のうち、当該会計期間に配分された金額
	患者外給食収益	従業員等患者以外に提供した食事に対する収益
	その他の医業外収益	前記の科目に属さない医業外収益。ただし、金額が大きいものについては、独立の科目を設ける。
医業外費用		
	支払利息	長期借入金、短期借入金の支払利息
	有価証券売却損	売買目的等で所有する有価証券を売却した場合の売却損
	患者外給食用材料費	従業員等患者以外に提供した食事に対する材料費。ただし、給食業務を委託している場合には、患者外給食委託費とする。
	診療費減免額	患者に無料または低額な料金で診療を行う場合の割引額など
	医業外貸倒損失	医業未収金以外の債権の回収不能額のうち、貸倒引当金で填補されない部分の金額
	貸倒引当金医業外繰入額	当該会計期間に発生した医業未収金以外の債権の発生額のうち、回収不能と見積もられる部分の金額
	その他の医業外費用	前記の科目に属さない医業外費用。ただし、金額が大きいものについては、独立の科目を設ける。
臨時収益		
	固定資産売却益	固定資産の売却価額がその帳簿価額を超える差額
	その他の臨時収益	前記以外の臨時的に発生した収益。
臨時費用		
	固定資産売却損	固定資産の売却価額がその帳簿価額に不足する差額
	固定資産除却損	固定資産を廃棄した場合の帳簿価額及び撤去費用
	資産に係る控除対象外消費税等負担額	病院の負担に属する控除対象外の消費税及び地方消費税のうち資産取得部分から発生した金額のうち多額な部分

	災害損失	火災、出水等の災害に係る廃棄損と復旧に関する支出の合計額
	その他の臨時費用	前記以外の臨時的に発生した費用
法人税、住民税及び事業税負担額		法人税、住民税及び事業税のうち、当該会計年度の病院の負担に属するものとして計算された金額

病院会計準則適用ガイドライン

平成 16 年 9 月

厚生労働省医政局

1. 病院会計準則適用ガイドラインの基本的考え方

　本ガイドラインは、公的病院等の開設主体が病院の財政状態及び運営状況を適正に把握し、比較可能な会計情報を作成するため、開設主体の会計基準を前提とし、病院会計準則に準拠した財務情報を提供することを目的とするものである。

第1　病院会計準則等と本ガイドラインの関係

1.　病院会計準則

　病院会計準則は、開設主体の異なる各種の病院の財政状態及び運営状況を体系的、統一的に捉えるための「施設会計」として、また、病院の開設主体が病院の経営実態を把握し、その改善向上に役立てるため、それぞれの病院の経営に有用な会計情報を提供するための「管理会計」としての準則であり、病院を単位とし個々の病院毎に財務諸表を作成するためのものである。

2.　開設主体の会計基準

　病院の開設主体の会計基準は、それぞれ開設主体の設立根拠、運営に対する考え方等を基礎として、それらの特性を踏まえた財務的な適正運営、業績評価など、開設主体全体の財政状態、運営状況の把握のために制定されているものであり、それぞれの関係者の利用目的に適合した有用な財務諸表を作成するためのものである。

　また、開設主体の会計基準は、開設主体毎に異なった内容を有することがあり、病院も開設主体の運営する全体事業の一部分であることから、開設主体の財務諸表作成に当たっては、病院については、開設主体の会計基準が適用されることとなる。

3.　財務諸表の位置付け

　病院会計準則に基づく開設主体の一部を構成する病院単位の財務諸表と、開設主体の会計基準に基づく開設主体全体の財務諸表とは、主従の関係にあるものではなく、それぞれ異なった目的と機能を有するものである。

4.　病院会計準則適用ガイドライン

　開設主体の異なる各種の病院の財政状態及び運営状況を統一的に捉え、病院相互に

比較可能な会計情報とするためには、病院会計準則を具体的に適用する場合、又は、そのまま適用することができない場合についての統一的、現実的な対応を図ることが必要である。

このため、病院会計準則適用ガイドラインは、病院を開設する開設主体が病院会計準則を適用して病院の財務諸表を作成する指針として、開設主体の会計基準との関係で開設主体が病院会計準則の各条項をどのように適用すべきかなど異なる開設主体における病院の会計情報の比較可能性を担保するために策定するものである。

なお、病院会計準則適用ガイドラインは、病院会計準則の条項に対応する形で構成されており、それぞれの開設主体における実際の適用に当たっては、病院会計準則適用ガイドラインのすべての条項が必要とするものではなく、開設主体の会計基準と一致する項目については、不要となる点に留意することとする。

第2　病院会計準則と開設主体の会計基準等に相違がある場合の基本的取扱い

1.　財務諸表の取扱い

病院会計準則は、開設主体の異なる各種の病院の経営に有用な会計情報を提供し、会計情報の比較可能性を担保することとしている。このため、開設主体の会計基準において、病院会計準則に規定された財務諸表の一部の作成を要しないなど財務諸表の範囲が異なる場合には、開設主体の会計基準で作成が求められていないものであっても、病院会計準則に規定された財務諸表について、別途作成することとする。

2.　会計処理等の取扱い

開設主体の会計基準において、病院会計準則と異なる会計処理となる場合（会計方針の選択適用が認められている場合における病院会計準則と異なる会計処理を選択した場合を含む。）、又は、異なる財務諸表の名称や様式等が定められている場合などについては、下記のいずれかにより取り扱うこととする。

(1)　病院会計準則に準拠した財務諸表を別途作成するものとする。

(2)　一組の帳簿組織において認識された取引記録を前提として、異なる会計基準等に準拠した財務諸表を作成するための手法である財務諸表の組替を行うこととし、一つの会計基準に準拠した帳簿記録又は財務諸表から精算表を利用して別の会計基準に準拠した財務諸表を作成するものとする。

(3) 開設主体の会計基準に従った財務諸表に、病院会計準則との違いを明らかにした情報を「比較のための情報」として注記することとする。

第3　今後の取扱い

　　本ガイドラインについては、病院を巡る社会、経済環境の変化に伴い、今後、病院会計準則が改正された場合、また、各開設主体の会計基準が改正された場合、必要に応じて、随時、見直しをすることとする。

2.　病院会計準則適用ガイドライン

第1章　総　　　則

第4　会計単位
　　　病院の開設主体は、それぞれの病院を会計単位として財務諸表を作成しなければならない。
第5　財務諸表の範囲
　　　病院の財務諸表は、貸借対照表、損益計算書、キャッシュ・フロー計算書及び附属明細表とする。

〈ガイドライン1-1　会計単位または財務諸表の範囲が異なる場合〉

　　病院の財務諸表は、病院会計準則の規定に従って、病院を一つの会計単位として貸借対照表、損益計算書、キャッシュ・フロー計算書及び附属明細表を作成するのが原則であり、これと異なる場合には、以下のいずれかの方法により、病院の会計情報を記載する。

①　病院ごとに病院会計準則の財務諸表に組み替える。
②　病院ごとに組替えに必要な情報を「比較のための情報」として注記する。

第2章　一般原則

（注5）重要な会計方針について
　　　　財務諸表には、重要な会計方針を注記しなければならない。会計方針とは、病院が貸借対照表、損益計算書及びキャッシュ・フロー計算書の作成に当

たって、その財政状態及び運営状況を正しく示すために使用した会計処理の原則及び手続き並びに表示の方法をいう。会計方針の例としては、次のようなものがある。

① 有価証券の評価基準及び評価方法
② たな卸資産の評価基準及び評価方法
③ 固定資産の減価償却の方法
④ 引当金の計上基準
⑤ 収益及び費用の計上基準
⑥ リース取引の処理方法
⑦ キャッシュ・フロー計算書における資金の範囲
⑧ 消費税等の会計処理方法
⑨ その他重要な会計方針

〈ガイドライン 2-1 会計方針に差異がある場合〉

病院会計準則に規定する以外の会計方針を採用している場合には、その旨、内容又は病院会計準則に定める方法によった場合と比較した影響額を記載する。

〈ガイドライン 2-2 重要な会計方針記載の留意点〉

重要な会計方針の注記は、「比較のための情報」と同様の意味を有するので、たとえば、固定資産の減価償却の方法の記載には、重要性の原則を適用して償却資産を固定資産に計上しない場合の判断基準（金額）、耐用年数の決定方法等の情報が含まれる点に留意する。

第3章 貸借対照表原則

第15 貸借対照表の表示区分

　　　　貸借対照表は、資産の部、負債の部及び純資産の部の三区分に分け、さらに資産の部を流動資産及び固定資産に、負債の部を流動負債及び固定負債に区分しなければならない。

〈ガイドライン 3-1 資産の区分の取扱い〉

病院会計準則においては、流動資産及び固定資産以外の、いわゆる繰延資産の計上は

認められない。開設主体の会計基準に基づき繰延資産を計上する場合には、その旨及び損益計算書に与える影響額を「比較のための情報」として記載する。

第16　資産、負債の表示方法

　　　資産、負債は、適切な区分、配列、分類及び評価の基準に従って記載しなければならない。

〈ガイドライン3-2　資産、負債の区分、名称が異なる場合〉

　開設主体の会計基準により、資産、負債の区分又は科目名称について、病院会計準則と異なる場合には、その内容を「比較のための情報」として記載する。

第18　貸借対照表の配列

　　　資産及び負債の項目の配列は、流動性配列法によるものとする。

〈ガイドライン3-3　固定性配列法の取扱い〉

　貸借対照表において流動資産と固定資産、流動負債と固定負債が区別されている限り、項目の配列が病院会計準則と異なっても利用者が病院の財政状態及び運営状況を判断することは困難ではない。開設主体の会計基準により、固定性配列法を採用している場合であっても、組替え又は「比較のための情報」記載は要しないものとする。

第19　貸借対照表科目の分類

　　3.　負　　　債

　（2）　長期借入金その他経常の活動以外の原因から生じた支払手形、未払金
　　　　のうち、期間が1年を超えるものは、固定負債に属するものとする。

〈ガイドライン3-4　負債と純資産の区分の取扱い〉

　開設主体の会計基準により、病院会計準則で負債に該当するものを純資産の部に計上している場合には、その旨、内容及び金額を「比較のための情報」として記載する。

付

病院会計準則適用ガイドライン

第 19　貸借対照表科目の分類

　　3. 負　　債

　（4）　補助金については、非償却資産の取得に充てられるものを除き、これ
　　　　を負債の部に記載し、業務の進行に応じて収益に計上しなければならな
　　　　い。設備の取得に対して補助金が交付された場合は、当該設備の耐用年
　　　　数にわたってこれを配分する。(注15)

　　　　　なお、非償却資産の取得に充てられた補助金については、これを純資
　　　　産の部に記載するものとする。

　(注15) 補助金の収益化について

　　　　補助金については、非償却資産の取得に充てられるものを除き、これを
　　　　負債の部に記載し、業務の進行に応じて収益に計上する。収益化を行った
　　　　補助金は、医業外収益の区分に記載する。

〈ガイドライン 3-5　補助金の会計処理に相違がある場合〉

　補助金の会計処理について、病院会計準則と異なる会計処理を行っている場合には、
その旨、採用した会計処理方法、病院会計準則に定める方法によった場合と比較した影
響額を「比較のための情報」として記載する。

第 22　有価証券の評価基準及び評価方法

　　1.　有価証券については、購入代価に手数料等の付随費用を加算し、これに
　　　　移動平均法等の方法を適用して算定した取得原価をもって貸借対照表価額
　　　　とする。

　　2.　有価証券については、売買目的有価証券、満期保有目的の債券、その他
　　　　有価証券に区分し、それぞれの区分ごとの評価額をもって貸借対照表価額
　　　　とする。(注17)(注18)

　(注17) 有価証券の評価基準について

　　　　有価証券については、売買目的有価証券、満期保有目的の債券、その他有
　　　　価証券に区分し、次のように評価を行う。

　　1.　売買目的有価証券　時価で評価し、評価差額は損益計算書上、損益とし
　　　　て計上する。

2. 満期保有目的の債券は、取得原価をもって貸借対照価額とする。ただし、債券を債券金額より低い価額又は高い価額で取得した場合においては、取得価額と債券金額との差額の性格が金利の調整と認められるときは、償却原価法に基づいて算定された価額をもって貸借対照表価額としなければならない。償却原価法とは、債券を債券金額より低い価額又は高い価額で取得した場合において、当該差額に相当する金額を償還期に至るまで毎期一定の方法で貸借対照表価額に加減する方法をいう。なお、この場合には、当該加減額を受取利息に含めて処理する。

3. その他有価証券は時価で評価し、評価差額は、貸借対照表上、純資産の部に計上するとともに、翌期首に取得原価に洗い替えなければならない。

なお、満期保有目的の債券及びその他有価証券のうち市場価格のあるものについて時価が著しく下落したときは、回復する見込みがあると認められる場合を除き、時価をもって貸借対照表価額とし、評価差額は当期の費用として計上しなければならない。

(注18) 満期保有目的の債券とその他有価証券との区分について

1. その他有価証券とは、売買目的有価証券、満期保有目的の債券以外の有価証券であり、長期的な時価の変動により利益を得ることを目的として保有する有価証券や、政策的な目的から保有する有価証券が含まれることになる。

2. 余裕資金等の運用として、利息収入を得ることを主たる目的として保有する国債、地方債、政府保証債、その他の債券であって、長期保有の意思をもって取得した債券は、資金繰り等から長期的には売却の可能性が見込まれる債券であっても、満期保有目的の債券に含めるものとする。

〈ガイドライン3-6 有価証券の評価基準等に相違がある場合〉

有価証券の評価基準及び評価方法について、病院会計準則と異なる会計処理を行っている場合には、その旨、採用した評価基準及び評価方法、病院会計準則に定める方法によった場合と比較した影響額を「比較のための情報」として記載する。

> 第23　たな卸資産の評価基準及び評価方法
>
> 　　医薬品、診療材料、給食用材料、貯蔵品等のたな卸資産については、原則
> として、購入代価に引取費用等の付随費用を加算し、これに移動平均法等あ
> らかじめ定めた方法を適用して算定した取得原価をもって貸借対照表価額と
> する。ただし、時価が取得原価よりも下落した場合には、時価をもって貸借
> 対照表価額としなければならない。

〈ガイドライン3-7　たな卸資産の評価基準等に相違がある場合〉

　たな卸資産の評価基準及び評価方法について、病院会計準則と異なる会計処理を行っ
ている場合には、その旨、採用した評価基準及び評価方法、病院会計準則に定める方法
によった場合と比較した影響額を「比較のための情報」として記載する。

> 第26　無形固定資産の評価
>
> 　　無形固定資産については、当該資産の取得原価から減価償却累計額を控除
> した未償却残高を貸借対照表価額とする。(注11)
>
> (注11) ソフトウェアについて
>
> 　1.　当該病院が開発し販売するソフトウェアの制作費のうち、研究開発が終
> 　　　了する時点までの原価は期間費用としなければならない。
>
> 　2.　当該病院が開発し利用するソフトウェアについては、適正な原価を計上
> 　　　した上、その制作費を無形固定資産として計上しなければならない。
>
> 　3.　医療用器械備品等に組み込まれているソフトウェアの取得に要した費用
> 　　　については、当該医療用器械備品等の取得原価に含める。

〈ガイドライン3-8　ソフトウエアの会計処理に相違がある場合〉

　病院が利用する目的で購入するソフトウエア（継続的な利用によって業務を効率的又
は効果的に行うことによる費用削減が明確な場合の制作ソフトウエアを含む）は、無形
固定資産に計上し、減価償却手続によって、各期の費用に計上しなければならないが、
資産計上を行わない会計処理を採用している場合には、その旨、会計処理方法、病院会
計準則に定める方法によった場合と比較した影響額を「比較のための情報」として記載
する。

第 27　負債の貸借対照表価額

　　　4.　退職給付引当金については、将来の退職給付総額のうち、貸借対照表日
　　　　までに発生していると認められる額を算定し、貸借対照表価額とする。な
　　　　お、退職給付総額には、退職一時金のほか年金給付が含まれる。(注 14)

(注 14)　退職給付の総額のうち期末までに発生していると認められる額について
　　　　退職給付の総額のうち期末までに発生していると認められる額は、退職給
　　　　付見込額について全勤務期間で除した額を各期の発生額とする方法その他従
　　　　業員の勤務の対価を合理的に反映する方法を用いて計算しなければならない。

〈ガイドライン 3-9　退職給付債務の会計処理等に相違がある場合〉

　退職給付債務に関する会計処理を病院会計準則と異なる方法で行っている場合には、
その旨、採用した引当金の計上基準、病院会計準則に定める方法によった場合と比較し
た影響額を「比較のための情報」として記載する。

　病院の従事者に係る退職給付債務のうち、当該病院外で負担するため、病院の財務諸
表には計上されないものが存在する場合には、その旨及び概要を「比較のための情報」
に記載する。

(注 12)　リース資産の会計処理について
　　　　リース取引はファイナンス・リース取引とオペレーティング・リース取引
　　　　に区分し、ファイナンス・リース取引については、通常の売買取引に係る方
　　　　法に準じて会計処理を行う。

〈ガイドライン 3-10　リース資産の会計処理に相違がある場合〉

　リース資産に関する会計処理を病院会計準則と異なる方法で行っている場合には、そ
の旨、会計処理方法、病院会計準則に定める方法によった場合と比較した影響額を「比
較のための情報」として記載する。

(注 13)　引当金について
　　　　将来の特定の費用又は損失であって、その発生が当期以前の事象に起因し、
　　　　発生の可能性が高く、かつ、その金額を合理的に見積もることができる場合

には、当期の負担に属する金額を当期の費用又は損失として引当金に繰入れ、当該引当金の残高を貸借対照表の負債の部又は資産の部に記載するものとする。

〈ガイドライン 3-11　引当金の取扱い〉

　病院会計準則における引当金の設定要件を満たしながら、当該事象において引当金を計上していない場合には、その旨、会計処理方法、病院会計準則に定める方法によった場合と比較した影響額を「比較のための情報」として記載する。

　病院会計準則の引当金の定義に該当しない引当金を計上している場合も同様とする。

第 4 章　損益計算書原則

第 30　費用の定義

　　費用とは、施設としての病院における医業サービスの提供、医業サービスの提供に伴う財貨の引渡し等の病院の業務に関連して資産の減少又は負債の増加をもたらす経済的便益の減少である。(注 19)

(注 19) 資本取引について

　　資本取引には、開設主体外部又は同一開設主体の他の施設からの資金等の授受のうち負債の増加又は減少を伴わない取引、その他有価証券の評価替え等が含まれる。

〈ガイドライン 4-1　費用の範囲が異なる場合〉

　病院会計準則の費用の定義に該当するもので、損益計算書に計上されていないものがある場合には、その旨及び損益計算書に与える影響額を「比較のための情報」として記載する。

　病院会計準則の費用の定義に該当しないもので、損益計算書に計上されているものがある場合も同様とする。

〈ガイドライン 4-2　内部取引の会計処理に相違がある場合〉

　同一開設主体の他の施設からの資金等の授受について、病院会計準則の費用又は収益の定義に該当しないものを損益計算書に計上している場合には、その旨、内容及び金額並びに病院会計準則に定める方法によった場合と比較した影響額を「比較のための情

報」として記載する。

第 31　損益計算書の区分

損益計算書には、医業損益計算、経常損益計算及び純損益計算の区分を設けなければならない。

1.　医業損益計算の区分は、医業活動から生ずる費用及び収益を記載して、医業利益を計算する。（注 20）（注 22）

2.　経常損益計算の区分は、医業損益計算の結果を受けて、受取利息、有価証券売却益、運営費補助金収益、施設設備補助金収益、患者外給食収益、支払利息、有価証券売却損、患者外給食用材料費、診療費減免額等、医業活動以外の原因から生ずる収益及び費用であって経常的に発生するものを記載し、経常利益を計算する。

3.　純損益計算の区分は、経常損益計算の結果を受けて、固定資産売却損益、災害損失等の臨時損益を記載し、当期純利益を計算する。

〈ガイドライン 4-3　損益計算書の区分・分類が異なる場合〉

損益計算書の区分について、病院会計準則と異なる様式を採用している場合には、その旨、病院会計準則に定める区分との対応関係について、「比較のための情報」として記載する。

（注 22）控除対象外消費税等負担額について

消費税等の納付額の計算は、開設主体全体で計算される。病院施設においては開設主体全体で計算された控除対象外消費税等のうち、当該病院の費用等部分から発生した金額を医業費用の控除対象外消費税等負担額とし、当該病院の資産取得部分から発生した金額のうち多額な部分を臨時費用の資産に係る控除対象外消費税等負担額として計上するものとする。

〈ガイドライン 4-4　消費税の会計処理に相違がある場合〉

消費税の会計処理を病院会計準則と異なる方法で行っている場合には、その旨、会計処理方法及び病院会計準則に定める方法によった場合と比較した影響額を「比較のための情報」として記載する。この場合の影響額とは、医業収益及び医業費用の各区分別に

含まれている消費税相当額、控除対象外消費税等（資産に係るものとその他に区分する）と、その結果としての損益計算書の医業利益、経常利益及び税引前当期純利益に与える影響額とする。

（注23）本部費の配賦について

　　病院が本部を独立の会計単位として設置するか否かは、各病院の裁量によるが、本部会計を設置している場合には、医業利益を適正に算定するため、医業費用に係る本部費について適切な基準によって配賦を行うことが不可欠である。したがって、この場合には、医業費用の性質に応じて適切な配賦基準を用いて本部費の配賦を行い、その内容を附属明細表に記載しなければならない。

〈ガイドライン4-5　本部費の配賦の取扱い〉

　本部会計を設置し、本部費を配賦していない場合は、その旨、病院会計準則に定める方法によった場合と比較した影響額を「比較のための情報」として記載する。

第5章　キャッシュ・フロー計算書原則

第42　資金の範囲

　　キャッシュ・フロー計算書が対象とする資金の範囲は、現金及び要求払預金並びに現金同等物とする。（注25）（注26）

（注25）要求払預金について

　　要求払預金には、例えば、当座預金、普通預金、通知預金及びこれらの預金の相当する郵便貯金が含まれる。

（注26）現金同等物について

　　現金同等物とは、容易に換金可能であり、かつ、価値の変動について僅少なリスクしか負わない短期投資であり、例えば、取得日から満期日又は償還日までの期間が三ヶ月以内の短期投資である定期預金、譲渡性預金、コマーシャル・ペーパー、売戻し条件付現先、公社債投資信託が含まれる。

〈ガイドライン5-1　資金の範囲が異なる場合〉

　キャッシュ・フロー計算書の資金の範囲が、病院会計準則と異なる場合には、その旨

及びキャッシュ・フロー計算書の各区分（現金等の期首残高及び期末残高を含む）に与える影響額を「比較のための情報」として記載する。

第43　キャッシュ・フロー計算書の区分

　　　キャッシュ・フロー計算書には、「業務活動によるキャッシュ・フロー」、「投資活動によるキャッシュ・フロー」及び「財務活動によるキャッシュ・フロー」の区分を設けなければならない。（注27）

1. 「業務活動によるキャッシュ・フロー」の区分には、医業損益計算の対象となった取引のほか、投資活動及び財務活動以外の取引によるキャッシュ・フローを記載する。

2. 「投資活動によるキャッシュ・フロー」の区分には、固定資産の取得及び売却、施設設備補助金の受入による収入、現金同等物に含まれない短期投資の取得及び売却等によるキャッシュ・フローを記載する。

3. 「財務活動によるキャッシュ・フロー」の区分には、資金の調達及び返済によるキャッシュ・フローを記載する。

〈ガイドライン5-2　キャッシュ・フロー計算書の区分が異なる場合〉

　キャッシュ・フロー計算書が、病院会計準則の区分、すなわち、「業務活動によるキャッシュ・フロー」、「投資活動によるキャッシュ・フロー」及び「財務活動によるキャッシュ・フロー」に区分されていない場合には、その旨、病院会計準則によった場合の業務活動によるキャッシュ・フロー、投資活動によるキャッシュ・フロー及び財務活動によるキャッシュ・フローを「比較のための情報」として記載する。

第44　受取利息、受取配当金及び支払利息に係るキャッシュ・フロー

　　　受取利息、受取配当金及び支払利息に係るキャッシュ・フローは、「業務活動によるキャッシュ・フロー」の区分に記載しなければならない。（注28）

〈ガイドライン5-3　キャッシュ・フローの計上区分に相違がある場合〉

　キャッシュ・フロー計算書が、病院会計準則の区分、すなわち、「業務活動によるキャッシュ・フロー」、「投資活動によるキャッシュ・フロー」及び「財務活動による

キャッシュ・フロー」に区分されている場合であって、病院会計準則と異なる区分に計上されている項目がある場合には、その旨、病院会計準則による場合の業務活動によるキャッシュ・フロー、投資活動によるキャッシュ・フロー及び財務活動によるキャッシュ・フローを「比較のための情報」として記載する。

第6章 附属明細表原則

第50 附属明細表の種類

　　　　附属明細表の種類は、次に掲げるとおりとする。

　　　　1.　純資産明細表

　　　　2.　固定資産明細表

　　　　3.　貸付金明細表

　　　　4.　借入金明細表

　　　　5.　引当金明細表

　　　　6.　補助金明細表

　　　　7.　資産につき設定している担保権の明細表

　　　　8.　給与費明細表

　　　　9.　本部費明細表

〈ガイドライン6-1　附属明細表作成の留意点〉

　附属明細表に関連する項目について、病院会計準則と異なる処理を行っている場合には、以下のいずれかの方法により、附属明細表を作成する。

　①　附属明細表は、病院会計準則の処理方法に従ったものを作成し、損益計算書及び貸借対照表との関係について必要に応じて注記する。

　②　附属明細表は、開設主体の会計基準に従った損益計算書及び貸借対照表を基礎に作成し、「比較のための情報」に係る附属明細書の項目について注記する。

〈ガイドライン6-2　類似の明細表等が存在する場合〉

　開設主体の会計基準に定められた類似の附属明細表又は明細書が存在する場合は、病院会計準則で規定している内容を「比較のための情報」として当該明細表又は明細書に注記することにより、代替することができる。

非営利法人委員会研究報告第 12 号

病院会計準則適用における実務上の取扱い

平成 16 年 8 月 19 日

日本公認会計士協会

1. はじめに

　平成 16 年 8 月 19 日に病院会計準則が改正され、準備の整った病院から時機をとらえて自主的に活用されることとなっている。病院会計準則は、病院という施設単位の財務諸表作成に関する会計準則である点に大きな特徴がある。すなわち、病院の開設主体は公的な法人から民間法人まで多種類のものが存在し、通常、その開設主体それぞれに法人としての会計基準が存在する。したがって、実際の財務諸表の作成実務においては、法人としての会計基準と病院会計準則を調整して、会計処理を行うことになる。なお、各開設主体の会計基準と病院会計準則をどのように整合させるかについては、病院会計準則適用ガイドラインの策定に向けて、「開設主体別病院会計準則適用に関する調査・研究報告書」が厚生労働省から公表されている。

　このような状況下において、各開設主体はそれぞれの会計基準との関係から実務上の問題点を有することになるが、その中には病院会計準則が病院という施設単位の財務諸表作成に関する会計準則であることから生じる共通の実務上の問題点も存在する。本研究報告は、個々の病院施設単位の財務諸表を作成するに当たり、各開設主体に共通する実務上の問題点に関して、その会計処理の指針となるよう取りまとめたものである。

2. 本研究報告の対象項目

　本研究報告では、病院会計準則が施設単位の財務諸表の作成に関する基準であることに起因することから、各開設主体に共通する実務上の検討項目として、「施設間取引の取扱い」、「本部費の取扱い」及び「消費税等の取扱い」の 3 項目を取り上げた。

（1）　施設間取引

　病院の開設主体は、複数の病院を開設するだけでなく、病院以外にも法人の種類と性格によって様々な施設や事業（診療所、研究所、学校、介護老人保健施設、社会福祉施設等）を有している。各施設又は事業（以下「施設等」という。）は、それ自体が行政上の認可等の関係で、通常、各々の財務諸表を作成することになっている。病院会計準則は、このような施設等ごとに財務諸表を作成する場合の病院施設に関する会計準則である。したがって、財務諸表を作成する単位としての施設等間の取引（以下「施設間取引」という。）を、各施設等の財務諸表において、どのように取り扱うかが問題となる。

（2）　本　部　費

　開設主体によっては、法人全体の経営意思決定、管理、広報等を行うために本部組

織を設置している場合がある。本部費として集計される費用は医業費用に分類される項目に限定され、最終的には各施設等でこの費用を負担しなければならない。したがって、このように独立した機能を有する会計単位としての本部費を、各施設等にどのように配賦し、負担させるかの検討が必要となる。

（３）　消　費　税　等

　病院等の複数の施設等が存在し、各々が独立した事業を行う場合であっても、開設主体が法人の場合には消費税等の納税額の計算は原則として法人全体で行うことになる。また、病院会計準則では消費税等の会計処理について税抜処理を採用し、控除対象外消費税等負担額に関しては独立して掲記することとされている。したがって、法人全体として計算される控除対象外消費税等を、各施設等に対しどのように負担させるかが問題となる。なお、法人税、住民税及び事業税は公的な開設主体にあっては課税主体とならないため、すべての開設主体共通の問題ではないと判断し、本研究報告の対象に含めていない。

3.　施設間取引の取扱い

（１）　病院会計準則の規定

　病院会計準則では、収益・費用の定義として、「施設としての病院における医業サービスの提供、医業サービスの提供に伴う財貨の引渡し等の病院の業務に関連して資産の増減又は負債の増減をもたらす経済的便益の増加減少」と規定している。さらに、その注解において「同一開設主体の他の施設からの資金等の授受のうち負債の増加又は減少を伴わない取引」は資本取引であると解説している。また、勘定科目の説明では「他会計短期貸付金、他会計長期貸付金、他会計短期借入金、他会計長期借入金」が勘定科目として取り上げられている。

　このように病院会計準則では施設間（本部を含む。）の取引に関し、その内容に応じた会計処理が求められている。

（２）　施設間取引の類型と会計処理

　　①　施設間の貸借勘定を用いて会計処理するもの

　　　施設間での取引を行う場合、取引の相手方の施設に対する債権債務を集約する勘定として施設勘定（施設名を称した勘定科目）を資産ないしは負債に計上して会計処理を行うことができる。この会計処理を採用する場合には、最終的に各施設間で債権債務の精算が行われることが前提となる。この施設勘定を用いる施設

間取引としては精算を前提として各施設の収益・費用に対応するもののほか、資金の短期的な融通や、費用の肩代わり処理に伴うものが含まれる。

　この施設勘定は、その機能として各施設間の取引残高の照合を可能とし、各施設に計上される施設勘定は対応するそれぞれの施設ごとに金額が合致する。したがって、開設主体全体の財務諸表を作成する場合には、それぞれの施設勘定は相殺消去されることになるが、各施設単位でみた場合には、精算がなされない限り期末時点においても計上されることとなる。

② 借入金又は貸付金として取り扱うもの

　借入金の使途については、約定時点で明確になっているのが通常であるため、資金調達の管理を本部で一括して取り扱っている場合であっても、特定の施設等に関する建築資金のように、その帰属が明確なものは、各病院等の財務諸表に計上しなければならない。したがって、各施設の財務諸表において、他会計からの借入金又は他会計への貸付金として会計処理をするものは、施設間（本部を含む。）での明確な約定（目的、返済期限、返済方法、金利等）があるものに限定されることになる。

　なお、約定が明確でない一時的な資金の融通は、上記の施設勘定の増減に含まれることになる。

③ 純資産の直接増減として取り扱うもの

　上記①及び②以外の取引については、最終的にすべて純資産の直接増減として会計処理されることになる。この類型に属する施設間取引は施設間での精算を前提としないことから、各施設において資本取引となるものである。ただし、取引を行った時点では最終的に精算を行うことが不明な場合には、最終的に精算を行わないことが決定した時点で貸借勘定等から純資産に振り替える会計処理を行うことになる。なお、病院会計準則では、純資産の部における勘定科目は開設主体の会計基準に応じて任意に区分することを前提としているため、行われる取引の性質に応じて純資産としての施設勘定や他施設からの繰入金勘定等を設定して会計処理を行うことになる。

　この純資産の増減として取り扱う施設間取引としては精算を前提としない各施設の収益・費用に対応するもののほか、返済を前提としない施設間の資金移動等が含まれる。例えば、同一開設主体の病院から他の施設に対し資金移動をした場合、当該病院では、以下の会計処理を行うことになる。

病　　院　（借方）純 資 産　×××　　　（貸方）現 金 預 金　×××

　受入施設　（借方）現 金 預 金　×××　　　（貸方）純 資 産　×××

④　収益又は費用に対応する取引の会計処理

　施設間取引であっても、病院会計準則の収益・費用に該当する取引については、医業サービスの提供の内容に応じた科目に計上する。例えば、Ａ病院においてＢ病院の職員に対する健康診断を実施した場合には、それぞれの病院及び本部において、以下のような会計処理を行うことになる。

（前提）当該取引に関する施設間の費用負担について最終的に精算は行わないこととなった。

ア．サービス提供時点

Ａ病院　（借方）Ｂ病院勘定（資産）×××　　（貸方）保健予防活動収益　×××

Ｂ病院　（借方）福利厚生費　　　　×××　　（貸方）Ａ病院勘定（負債）×××

イ．施設間で精算しないことが決定した時点

Ａ病院　（借方）純 資 産　　　×××　　（貸方）Ｂ病院勘定（資産）×××

Ｂ病院　（借方）Ａ病院勘定（負債）×××　　（貸方）純 資 産　　　　×××

　なお、施設間の取引価額は、客観性を有した外部に対するサービス提供に準じた適正な水準である必要があることに留意する。

（３）　財務諸表の表示区分等の取扱い

①　貸借対照表

　借入金又は貸付金として取り扱うものは、貸借対照表において、他会計貸付金又は他会計借入金として、外部からのものとは区分するのが原則である。

　施設勘定を用いて一時的な処理を行っている場合には、流動資産ないしは流動負債にその残高が計上されることになる。

　純資産の直接増減として取り扱うものは、その残高が純資産の部に計上されることになる。病院会計準則では、純資産の部は開設主体の会計基準に応じて任意に区分することを前提としているため、純資産に関する勘定科目の規定はない。したがって、実務的対応としては、各施設等の純資産項目に短期的な資金の融通や費用の肩代わり処理を行うために使用する施設勘定や無償の資金援助等の取引に対して使用する繰入金勘定（必要に応じて繰入先等別に設定する。）等を設けることになる。

② 損益計算書

　　収益又は費用として取り扱うものの損益計算書の表示は、同一内容の外部との取引にそのまま包含され、特段の区分表示や注記の対象とはならない。また、借入金又は貸付金として取り扱うもので、利息が発生する場合も同様である。

③ キャッシュ・フロー計算書

　　キャッシュ・フロー計算書は、病院会計準則注解 27 において「同一開設主体の他の施設（他会計）との取引に係るキャッシュ・フローについては、当該取引の実態に照らして独立した科目により適切な区分に記載しなければならない」と説明されている。

　　費用又は収益として取り扱うものの表示区分は、「業務活動によるキャッシュ・フロー」となるが、直接法においては、他会計医業収入等の独立した科目を設けて区分し、間接法においては、利息については小計以下の部分で独立した科目を設け、その他については一括して「他会計収入又は支出」の科目で小計を挟んで両建計上することにより区分することとする。

　　借入金又は貸付金として取り扱うものの表示区分は、貸付の場合は「投資活動によるキャッシュ・フロー」、借入の場合は「財務活動によるキャッシュ・フロー」となるが、「他会計長期借入による収入」等の独立した科目を設けて表示する。

　　施設勘定による一時的貸借及び純資産の直接増減として取り扱うものの表示区分は「財務活動によるキャッシュ・フロー」とし、一括して純額を「他会計繰入金支出」又は「他会計からの繰入金収入」として処理するのが適当である。

④ 附属明細表

　　純資産明細表では、当期における純資産の増加額及び減少額は、その内容を注記することとされている。したがって、純資産の直接増減として取り扱うものについては、「他施設への備品帰属先変更による減少額」、「福祉施設に対する資金援助額」等その内容及び金額を注記することが必要となる。

　　また、借入金又は貸付金として取り扱うものについては、貸付金明細表及び借入金明細表において、貸付先ごとに増減及び残高を記載することとなっているため、会計単位別に具体的な他会計の名称を付して記載することになる。なお、最終的に施設等において返済が免除された場合には、純資産の増減にも記載することになる。

4. 本部費の取扱い

（1）病院会計準則の規定

　病院会計準則では、本部費に関し「本部会計を独立会計単位として設置している場合、本部費として各施設に配賦する内容は医業費用として計上されるものに限定され、項目毎に適切な配賦基準を用いて配賦しなければならない。なお、本部費配賦額を計上する際には、医業費用の区分の末尾に本部費配賦額として表示するとともに、その内容及び配賦基準を附属明細表に記載するものとする」と規定している。

　また、同注解では「病院が本部を独立の会計単位として設置するか否かは、各病院の裁量によるが、本部会計を設置している場合には、医業利益を適正に算出するため、医業費用に係る本部費について適切な基準によって配賦を行うことが不可欠である。したがって、この場合には、医業費用の性格に応じて適切な配賦基準を用いて本部費の配賦を行い、その内容を附属明細表に記載しなければならない。」と解説している。

　施設別の財務諸表では、それぞれの施設等の活動に関連して発生した収益・費用を計上することになるが、本部機能を独立の会計単位として有している場合には、本部で計上される医業費用に該当する費目の合計額を本部以外の施設等に配賦することが必要となる。したがって、各施設等に対し本部費を適切に負担させるためには、本部費に含まれる費目の性格を勘案し、配賦基準を決定することが必要となる。

（2）本部費の意義

　本部費は、法人全体の経営意思決定、管理及び広報等のために要した費用であり、実務上の利便性を理由に行われる一括的な資金調達や支払いを原因とする各施設等に対する肩代わり費用や複数の施設に共通して発生する費用項目（施設共通費等）の配分額とは異なることに留意する必要がある。肩代わり費用や施設共通費等は、本来、各施設等に直課又は配賦すべきものであって、実務上の便宜により、いったん本部会計単位に計上することはあっても、最終的には、それぞれの費目ごとに、各施設に振り替えられることになる。この場合、実務的には配賦計算を行う場合も想定されるが、その本質的意味として本部費の配賦とは、別個の問題として取り扱う必要がある。

（3）　配賦基準の種類

　本部費の配賦基準としては一般的に以下のようなものが考えられる。

配賦基準	内　　容
従 事 者 数	各施設等におけるサービス提供者側の人員数である従事者数
患者・利用者数	各施設等におけるサービス受領者側の人員数である患者・利用者数
延　面　積	各施設等の延利用床面積
総 資 産 額	各施設等の総資産額
総 収 入 額	各施設等の事業収益額
帳 簿 価 額	各施設等における一定の範囲の資産や負債の金額

　配賦基準の選択に当たっては、配賦すべき費目の性質や構成、管理の目的との整合性を考慮し、また、配賦計算の基礎となる計数の集計等に対する実務的効率性、簡便性等を勘案して適切に行われなければならない。

（4）　会計処理と附属明細表の作成

　本部会計単位に集計された医業費用科目について、複数の配賦基準を選択し、各施設に対する配賦額を計算するために、以下のような本部費配賦表を作成する。

本部費配賦表　　　　　　　　　（単位：千円）

	本部費	A病院	B病院	C老健	配賦基準
給　　与　　費	50,000	28,571	17,858	3,571	（従事者数）
保 守 委 託 費	2,000	1,143	714	143	（従事者数）
設 備 関 係 費	30,000	17,143	10,714	2,143	（従事者数）
研　　修　　費	500	286	178	36	（従事者数）
広 告 宣 伝 費	1,500	750	500	250	（総資産）
会　　議　　費	600	322	214	64	（管理職員数）
交　　際　　費	800	400	267	133	（総資産）
そ の 他 経 費	17,000	9,714	6,072	1,214	（従事者数）
合　　　計	102,400	58,329	36,517	7,554	
〈配賦基準別集約〉					
（従事者数）	700	400	250	50	人
配賦額計	99,500	56,857	35,536	7,107	
（管理職員数）	28	15	10	3	人
配賦額計	600	322	214	64	
（総資産）	120	60	40	20	千円
配賦額計	2,300	1,150	767	383	
合　　　計	102,400	58,329	36,517	7,554	

この計算結果に基づき、配賦額の相手科目として純資産項目を採用した場合の各施設等における仕訳を示すと以下のようになる。

A　病　院　（借方）本部費配賦額　58,329　　（貸方）純資産（本部）　58,329
B　病　院　（借方）本部費配賦額　36,517　　（貸方）純資産（本部）　36,517
C老人保健施設　（借方）本部費配賦額　7,554　　（貸方）純資産（本部）　7,554
本　部　（借方）純資産（A病院）　58,329　（貸方）本部費配賦額　102,400
　　　　（借方）純資産（B病院）　36,517
　　　　（借方）純資産（C老健）　7,554

また、この場合のA病院の附属明細表は、以下のとおりとなる。

本部費明細表　　　　　　　　　　（単位：千円）

項　　目	本　部　費	当病院への配賦額	配賦基準
給与費、設備関係費他	99,500	56,857	従事者数
広告宣伝費、交際費	2,300	1,150	総資産
会議費	600	322	管理職員数
合　　計	102,400	58,329	

5.　消費税等の取扱い

（1）　病院会計準則の規定

　各施設が負担すべき消費税等の額について病院会計準則では、医業費用の区分として「控除対象外消費税等負担額」を、臨時費用の区分として「資産に係る控除対象外消費税等負担額」を規定している。また、注解22において「消費税等の納付額は、開設主体全体で計算される。病院施設においては開設主体全体で計算された控除対象外消費税等のうち、当該病院の費用等部分から発生した金額を医業費用の控除対象外消費税等負担額とし、当該病院の資産取得部分から発生した金額のうち多額な部分を臨時費用の資産に係る控除対象外消費税等負担額として計上するものとする。」と解説されている。

（2）　簡易課税制度選択法人及び免税法人における会計処理

　病院会計準則の役割として、病院施設を有する開設主体すべてに適用することにより、異なる開設主体間の経営比較を可能とし、経営管理に資する有用な会計情報を提

供することがある。そのため、この比較可能性を重視する立場から会計処理自由の原則に一部制限を加えている。消費税等の会計処理もこれに該当することになり、病院会計準則ではすべての開設主体に対し税抜処理を一律に適用することとしている。したがって、開設主体が簡易課税制度選択法人や免税法人であったとしても消費税等の会計処理については税抜処理を行うことになる。この場合、本則課税適用法人とは異なり、簡易課税制度選択法人においては仮払消費税等の額と仮受消費税等の額との差額から納付すべき消費税等の額を控除したものが、各施設で負担すべき控除対象外消費税等の額の基礎となる。また、免税法人においては仮受消費税等と仮払消費税等との差額のすべてが各施設で負担すべき控除対象外消費税等の額の基礎となる。

（3） 控除対象外消費税等負担額の施設別の計算

　消費税等の納税額を、開設主体全体で計算した金額と、施設別に計算した金額を合計した金額は、課税売上割合と仕入税額控除の関係で通常一致しない。例えば、仕入税額控除の計算を一括比例配分方式で行っている場合、以下のとおり差異が発生する。

消費税の納付額計算と施設別計算額　　　（単位：千円）

	全体計算	A施設単独	B施設単独	A＋B	差額
課税売上（税込）	36,750	15,750	21,000	36,750	0
課税売上（税抜）	35,000	15,000	20,000	35,000	0
非課税売上	115,000	85,000	30,000	115,000	0
課税仕入（税込）	136,500	94,500	42,000	136,500	0
課税仕入（税抜）	130,000	90,000	40,000	130,000	0
課税売上割合	23.33%	15.00%	40.00%		
仕入税額（4%）	5,200	3,600	1,600	5,200	0
控除対象仕入税額	1,213	540	640	1,180	33
売上税額	1,400	600	800	1,400	0
納付すべき消費税額	187	60	160	220	−33
納付すべき地方消費税額	47	15	40	55	−8
納付税額合計	233	75	200	275	−42
仮受消費税	1,750	750	1,000	1,750	0
仮払消費税	6,500	4,500	2,000	6,500	0
控除対象外消費税等	4,983	3,825	1,200	5,025	−42

259

病院会計準則適用における実務上の取扱い

このように、施設単位で計算した控除対象外消費税額等の単純合計5,025と実際の控除対象外消費税額等4,983の差額（納付すべき消費税額等の差額と同額）が42発生することとなる。

このため、それぞれの施設が実際に負担すべき控除対象外消費税等の金額を計算する必要が生じるが、この場合、施設別に計算した金額に4,983／5,025を乗じた金額とするのが適当である。

なお、仕入税額控除の計算を個別対応方式で行っている場合でも、上記例に準じて施設別の金額と実際の金額を計算し、上記例に準じて負担すべき控除対象外消費税額等を計算することになる。また、開設主体が公益法人等に該当する場合は、控除対象外消費税額等の金額は、課税売上割合と特定収入割合に影響されるため、計算要素が増えて複雑となるが、施設別金額と実際額をそれぞれ計算し、上記例に準じて負担すべき控除対象外消費税額等を計算することになる。

（4） 会 計 処 理

病院会計準則では消費税等の会計処理を税抜方式で行うこととされているため、各取引における消費税等の金額を、課税仕入の場合には「仮払消費税」、課税売上の場合には「仮受消費税」で処理するのが一般的である。上記例のA施設（病院）において、納税計算前におけるそれぞれの勘定科目の金額は以下のようになっている。

仮払消費税（借方残）4,500

仮受消費税（貸方残）　750

仮払消費税額のうち、控除対象外消費税を費用に振り替える必要があるが、この際には医業費用となるものと臨時費用になるものとを区分しなければならない。臨時費用とすべき資産取得部分から発生した金額のうち多額な部分とは、法人税上の控除対象外消費税額等を発生時に一括して損金算入できないものと同じ範囲であると解釈するのが適当である。

〈参考〉

法人税法施行令第139条の4（資産に係る控除対象外消費税額等の損金算入等）

内国法人の当該事業年度（消費税法（昭和63年法律第108号）第30条第2項（仕入れに係る消費税額の控除）に規定する課税売上割合に準ずる割合として財務省令で定めるところにより計算した割合が100分の80以上である事業年度に限る。）において資産に係る控除対象外消費税額等が生じた場合において、その生

じた資産に係る控除対象外消費税額等の合計額につき、その内国法人が当該事業年度において損金経理をしたときは、当該損金経理をした金額は、当該事業年度の所得の金額の計算上、損金の額に算入する。

2　内国法人の当該事業年度（前項に規定する事業年度を除く。）において生じた資産に係る控除対象外消費税額等が次に掲げる場合に該当する場合において、その該当する資産に係る控除対象外消費税額等の合計額につき、その内国法人が当該事業年度において損金経理をしたときは、当該損金経理をした金額は、当該事業年度の所得の金額の計算上、損金の額に算入する。

一　棚卸資産に係るものである場合

二　20万円未満である場合（前号に掲げる場合を除く。）

したがって、まずは法人税法施行令第139条の4により、法人全体で一括損金算入できないものがあるかどうかを判定する必要がある。上記例では法人全体の課税売上割合が23.33％となるため、資産に係る控除対象外消費税が20万円以上かどうかの計算を以下のように行い判定することになる。

臨時費用発生の有無の判定　　　　　　（単位：千円）

	資産に係るもの	左記以外	合　計
課税仕入の額（税抜）	35,000	95,000	130,000
仮払消費税の額（5％）	1,750	4,750	6,500
課税仕入に係る消費税額（4％）	1,400	3,800	5,200
控除対象となる消費税額（4％）	327	886	1,213
同上の地方消費税を含む金額（5％）	409	1,108	1,517
控除対象外消費税等の額	1,341	3,642	4,983

この結果を受け、例えば上記例の仮払消費税4,500のうち、1,500が棚卸資産以外の資産の取得によって生じたものである場合には、以下のように臨時費用部分と医業費用部分を計算することになる。

261

控除対象外消費税等の費用計上区分の計算（A施設）　（単位：千円）

	資産に係るもの	左記以外	合　計
課税仕入の額（税抜）	30,000	60,000	90,000
仮払消費税の額（5%）	1,500	3,000	4,500
課税仕入に係る消費税額（4%）	1,200	2,400	3,600
控除対象となる消費税額（4%）	180	360	540
同上の地方消費税を含む金額（5%）	225	450	675
控除対象外消費税等の額	1,275	2,550	3,825
単純合計控除対象外消費税等			5,025
法人全体実際控除対象外消費税等			4,983
修正率			0.992
損益計算書控除対象外消費税等	1,264	2,529	3,793
医業費用		2,529	
臨時費用	1,264		

　この計算の結果の仕訳を示すと以下のようになる。

（借方）控除対象外消費税等負担額　　　2,529　　（貸方）仮払消費税　　3,793

（借方）資産に係る控除対象外消費税負担額　1,264

　この結果から、仮払消費税及び仮受消費税勘定を相殺し納付すべき税額を未払消費税勘定の残高とする仕訳は、以下のようになる。

（借方）仮受消費税　750　　　（貸方）仮払消費税　707

　　　　　　　　　　　　　　　（貸方）未払消費税　　43

以　上

参考文献

- 「病院会計の実務」監査法人トーマツヘルスケアグループ編，清文社，2005 年
- 「医療法人の会計と税務」清水至編著，中央経済社，1996 年
- 「新版医療法人の会計と税務」杉山幹夫・石井孝宜著，同文舘出版，1996 年
- 「最新財務諸表論」武田隆二著，中央経済社，2003 年
- 「実務消費税法」山本守之著，税務経理協会，1992 年
- 「商法決算書の読み方・作り方」新日本監査法人編，中央経済社，2004 年
- 「学校法人会計入門」新日本監査法人編，税務経理協会，2003 年
- 「財務会計論」飯野利夫著，同文舘出版，1988 年
- 「原価計算による病院マネジメント」あずさ監査法人編，中央経済社，2004 年
- 「医療法人会計の実務ガイド」あずさ監査法人編，中央経済社，2016 年

〈著者紹介〉

増田　正志　（ますだ・まさし）

1949年　生まれ
1973年　千葉大学人文学部卒業
2003年　新日本監査法人（現 EY 新日本有限責任監査法人）シニア・パートナー
2014年　国立大学法人東京農工大学監事
2014年　公益財団法人日本ユネスコ協会連盟監事（現任）
2016年　国立研究開発法人国立がん研究センター監事
　同　　国立研究開発法人国立精神・神経医療研究センター監事
　同　　独立行政法人国立美術館監事
2021年　公益財団法人コカ・コーラ教育・環境財団（現任）
公認会計士　（社）日本証券アナリスト協会検定会員

〔主な著書〕

『医療法人会計入門』，『金融マンの会計と証券の基礎知識』，『国立大学法人会計実務入門』（税務経理協会）『学校法人会計入門』（共著，税務経理協会）
『学校法人会計実務詳解ハンドブック』（共著，同文舘出版）『中小企業の経営改善と会計の知識』（同文舘出版）
『商法決算書の見方・読み方』，『建設業の経理実務詳解』，『学校法人の会計実務詳解』（以上，共著，中央経済社）
『決算書分析 ABC』（銀行研修社）他

著者との契約により検印省略

2005年 9月 1日　初　版発行	
2013年 6月20日　第2版発行	
2019年 3月 1日　第3版発行	
2022年12月30日　第4版発行	

病　院　会　計　入　門
―病院会計準則を中心として―
〔第4版〕

著　　者　　増　田　正　志
発　行　者　　大　坪　克　行
整　版　所　　美研プリンティング株式会社
印　刷　所　　税経印刷株式会社
製　本　所　　牧製本印刷株式会社

発　行　所　　東京都新宿区　　株式　税務経理協会
　　　　　　　下落合2丁目5番13号　会社
郵便番号 161-0033　振替 00190-2-187408　電話 (03) 3953-3301 (編集部)
　　　　　　　　　　FAX (03) 3565-3391　　　 (03) 3953-3325 (営業部)

URL　http://www.zeikei.co.jp/
乱丁・落丁の場合はお取替えいたします。

ISBN978-4-419-06893-6　C3034